책읽듯이 사람을 읽는다

제랄드 니렌버그・헨리 칼레로 공저
곽진희 옮김

秀文出版社

이 책을 줄리엣과 바바라에게 바친다.

차 례

머리말 • 7

제스처를 읽는 기술 • 9
  인생이란 진짜 시험장 —————— 12
  제스처 그룹 ————— 16
  제스처에 대한 이해를 효과적으로 이용하는 법 ————— 21

제스처를 읽기 위한 자료 • 27
  얼굴 표정 ————— 28
  걸음걸이 ————— 38
  악 수 ————— 42

감정의 변화와 방향 • 47
  솔 직 ————— 48
  방 어 ————— 52
  평 가 ————— 63
  의혹과 비밀주의 ————— 75

긍정적 건설적 태도와 부정적인 태도 • 85
  준 비 ————— 85
  안 심 ————— 90
  협 동 ————— 93
  좌 절 ————— 96

움직이는 행동과 과정 • 107
　　확신 ──────── 107
　　초조 ──────── 121
　　자제 ──────── 134

상호관계 • 142
　　권태 ──────── 142
　　인정 ──────── 146
　　구애 ──────── 151
　　기대 ──────── 154

관계와 상황 • 159
　　부모와 자식 ──────── 159
　　연인 ──────── 162
　　타인 ──────── 165
　　상사와 부하 ──────── 168
　　고객과 전문가 ──────── 174
　　구매자와 판매자 ──────── 179

환경에 대한 이해 • 184
　　관객이 없는 전화 제스처 ──────── 184
　　법정 ──────── 187
　　사교 모임 ──────── 191

옮긴이의 말 • 205

머리말

완전히 무시되거나 또는 아주 막연하게만 이해되는 통상적인 경험의 요인은 '대단히 중요한 제스처'이다. 이 책은 그 제스처들을 꿰뚫어보게 할 '비언어적인 커뮤니케이션'의 형태에 관한 지침서이다.

소재는 실제 상황에서 처한 관계들에 대처하는 태도를 구성하는 제스처들이고 부분들이 의미있는 전체를 이루도록 배열 되었다.

모든 인간관계 이해를 증진시키고 인간이 또다른 인간에 의해 더 잘 이해되게 하는 방법을 찾기 위한 부단한 추구에 중요한 수단이 되었으면 하는 바람이다. 우리를 계속 당황하고 혼동하게 하는 커뮤니케이션 과정은 제스처에 대한 이해와 분석으로 강화될 것이다.

인간의 기능과 본분은 자신의 전문적인 기술과 지식을 증대하면서 다른 사람들 속에서 자신을 발견하는 가운데 인간다워지는 것이다.

제랄드 니렌버그와 헨리 칼레로

제스처를 읽는 기술

> "학식은 책을 읽음으로써 습득된다. 그러나 훨씬 더 필요한 학식인 세상에 대한 지식은 오직 사람을 읽고 모든 다양한 형태들을 연구함으로써만이 습득된다."
> —— 로드 체스터필드의 「아들에게 보내는 편지」에서

공항은 인간 감정의 스펙트럼 전체를 바라보기에 아주 적절한 장소이다. 여행객들이 도착하고 떠날때 어떤 여자가 항공 여행이 몹시 불안해 마치 스스로에게 "괜찮을 거야"라고 말하듯 손의 살집이 많은 부분을 꼬집고 있는 모습을 볼 수 있다. 사람들은 똑같은 태도를 취하며 "꿈이 아니라는 것을 확인하기 위해 몸을 꼬집어야 했다"고 말한다. 비행기 출발 시간을 기다리고 있는 남자 또한 항공 여행이 불안할 수 있다.

그는 양발을 딱 붙이고 경직되어 똑바른 자세로 앉아 있다. 멀리서 보면 커다란 하나의 주먹처럼 보일 정도로 양손을 단단히 깍지끼고 한 엄지손가락으로 서로 얽힌 손 위에 있는 다른 엄지손가락을 리드미컬하게 마사지한다. 이러한 제스처들은 초조한 태도이다.

출국실에서 벗어나면 전화 박스 속에 들어가 있는 세 명의 남자가 보인다. 한 사람(그림 1)은 차려 자세로 서 있다. 그의 양복 상의는 단추가 다 채워져 있다. 이것은 그가 전화하고 있는 상대가 누구든 그에게 아주 중요하다는 인상을 준다. 그는 고객이 실제로 면전에 있

는 것처럼 고객과 통화 하고 있는 세일즈맨일지 모른다.

두번째 통화자(그림 2)의 몸은 느슨하다. 그는 구부정하게 몸을 수그리고 이 발에서 저 발로 체중을 번갈아 옮기면서 가슴에 턱을 기대고 있다. 그는 바닥을 보면서 "응, 그래 그래"라고 말하듯 고개를 끄덕이는 것처럼 보인다. 이 사람을 좀더 깊이 살펴보면, 그는 편안하지만 대화가 지루하여 그것을 참고 있는 것 같은 인상을 준다. 그 전화를 받는 사람이 누구인지 생각할 수 있다. 상대는 어쩌면 그의 아내이거나 오래된 친구일 것이다.

이런 실마리들로 부터 어떻게 세번째 통화자가 애인에게 이야기하는 것처럼 보인다고 생각할 수 있을까? 이 통화자의 얼굴은 구부정한 어깨에 가려져 보이지 않는다. 또한 몸이 통행인들로부터 완전히 돌려져 있고 머리는 한쪽으로 약간 기울어 있다. 그리고 그는 전화기를 마치 애정의 대상인 듯이 다룬다(그림 3).

수하물 찾는 곳을 향해 가다 보면 걷는 모습이 놀랍도록 닮아 한 가족이라고 쉽게 확인할 수 있는 일행을 만날 수 있다. 수하물을 찾는 카운터로 가고 있는 다른 사람들 중에 이미 가족이나 친구가 마중을 나온 사람들은 대부분 무척 행복해 보이며 상당히 열심히 걷는다. 아직 마중 나올 사람을 기다리고 있는 이들은 계속 발뒤꿈치를 들어올리면서 주위를 둘러본다.

공항을 잠깐 방문하는 동안에 우리는 사람들마다 다른 행동들을 눈치챘다. 단순히 다양한 제스처들에 주목함으로써 우리는 사람들의 태도와 관계와 상황에 대해 추측할 수 있었다. 우리는 전화선의 다른 끝에 있는 상대방의 이미지까지 떠올렸다. 우리의 관찰은 외딴 연구소에서가 아니라 진짜 현실 세계에서 행동하고 반응하는 사람들에 관한

제스처를 읽는 기술 11

그림 1. 세일즈맨

그림 2. 남편

그림 3. 연인

것이었다. 간단히 말해 우리는 말의 교환을 보충하고 보완하면서 대신하기까지 할 수 있는 '비언어적인 커뮤니케이션'의 광대한 영역에 접하게 된 것이다. 즉, 사람을 책처럼 쉽게 읽기 시작한 셈이다.

인생이란 진짜 시험장

"그것은 실물 크기이고 정상의 두 배이다!"
—— 루이스 캐롤의 「거울을 통해」에서

자동차 생산회사는 어떤 새로운 자동차 부속품을 고안했을 때 다방면의 모든 실험을 거친다. 그러나 부속품은 실제 상황에 노출되었을 때에야 비로소 그 성공이나 실패가 명확히 결정될 수 있다.

수년 전에 포드 자동차회사는 자동차의 속도가 시속 15킬로미터에 달하면 즉시 자동으로 문이 잠기도록 설계된 장치인 '진공 자동 도어 록'이라는 이름의 부속품을 추가해 자사 제품의 안전을 증진시키기로 결정했다. 그러나 포드사는 새로운 자물쇠가 부착된 자동차가 시중에 나간 이후 연이은 불평을 받기 시작했다.

이 자동차를 구입한 사람들이 세차장에 갈 때마다 문제가 있었던 것이다. 자동차가 세차로를 지나갈 때 타이어 자동 세척기 위에서 차바퀴가 회전해 자동차의 상대 속도가 시속 15킬로미터에 이르렀다. 따라서 문이 자동적으로 잠겼고, 세차 작업이 끝나면 운전자는 자동차에 다시 타기 위해 자물쇠 수리공을 불러야 했다. 그래서 포드사는 설계를 다시 해서 수동으로 작동되는 자물쇠로 환원시켰다.

마찬가지로 실제 상황들도 제스처를 해석하는 데 보다 나은 방법을 제공한다. 제스처를 이해하기 위해서는 의미있는 제스처들의 그룹에서 분리해 낸 개개의 부분들만 연구하는 제한된 행동 연구법을 통해서는 얻어지지 않는다. 인간다운 방법으로 사람들이 서로를 이해하기 위해 수십만 년 동안 이용해 왔던 직관적인 방법들은 자연히 제스처를 이해하기 위한 테크닉으로서 적합하게 된다. 우리가 스스로 비언어적인 커뮤니케이션을 인식한 것은 협상의 기술을 개발하고 가르치는 것에 관심을 갖게 된 결과였다. 미국 및 해외에서 최고 경영 간부들에게 협상에 관한 강습회와 세미나를 제공하기 위해 만나서 악수를 했을 때 우리는 모든 협상 상황에서 비언어적인 커뮤니케이션이 맡는 아주 중대한 역할을 알고 있었다. 말의 교환이 고립상태에서는 효과를 나타내지 못하며, 오히려 사람과 말과 몸짓들을 연관시키는 복잡한 과정임을 발견했다. 이러한 요소들을 고려 해야만 협상의 진행을 따라갈 수 있었다.

우리는 개인이 철저하게 관찰되고 피실험자간의 상호작용이나 의미있는 듯한 행동에 체계적으로 조사될 수 있도록 실제 상황을 재현하거나 복사하는 단순한 방식이 결여되어 있다는 것이 제스처 연구의 제한적 요소임을 깨달았다. 그러나 우리는 VTR(비디오 테이프 녹화 장치)로 이 첫 어려움을 제거할 수 있었다.

동부 펜실베이니아 연구소의 선임연구 과학자인 레이 버드위스텔은 실제의 만남과 의견의 대립들을 촬영하면서 그것들을 연구하는 행동학에 종사하고 있다. 행동학이란 전달 수단으로서의 몸짓이나 표정 등을 연구하는 과학의 한 부분이다. 이 책은 비언어적인 커뮤니케이션의 문제를 다른 방식으로 검토한다. 우리는 노버트 비너의 충고를 참작했다.
 그는 「인공두뇌학」에서 이렇게 말했다.
 "많은 선각자들이 원시적인 언어에 대한 오해를 글로 정리하는 과정에서 영원한 법규처럼 굳어지게 해왔다. 한 민족의 사회적인 관습들은 거의가 관찰했던 단순한 행동에 의해 전파되고 왜곡된다."
 우리는 독특한 제스처를 조사하는 것 외에도 하나의 제스처가 아니라 일련의 관련된 제스처들에 의해 표현되는 무수한 태도들을 소개한다. 우리는 이들을 '제스처 그룹'이라 부른다. 이 그룹은 다른 태도들과 관련되는 비언어적인 커뮤니케이션의 그룹들이다. 한 그룹을 구성하는 제스처들은 팔과 발목들을 꽉 끼고 주먹을 쥐는 것처럼 동시에 일어나거나 또는 차례로 일어날 수 있다. 우리는 비디오 테이프 녹화로 이 제스처 그룹들의 포착과 보존에 유효한 장비를 갖고 있다. 교섭 상황에서 제스처를 분석하기 위한 세미나 참가자들의 역할 연기는 우리에게 소재들을 제공해 주었다.
 우리는 수천 명이 참가한 세미나를 수백 차례 개최했고 2천 5백 개의 교섭 상황을 녹화했다. 관객들은 제스처에 관한 연구 자료들을 제공할 뿐만 아니라 연구원 노릇도 했다. 우리는 개별적으로 또는 테이프에 녹화된 그룹으로 제스처를 제시하고 나서 세미나 청중에게 무엇을 인식했는가와 비언어적인 커뮤니케이션의 느낌이나 메시지가 무엇인가를 질문했다. 우리는 처음에는 단순히 청중이 제스처를 의미가 없는 몸의 동작과 구별해 인식하기를 원했다. 그 다음에 우리는 청중이 제스처에 의미를 부여하기를 바랐다.
 우리는 많은 토론을 거친 결과, 청중이 일정한 제스처의 의미를 인식하기 시작할 때면 어느 정도 잠재의식적인 감정이입에 의존해 의미를 얻는다는 사실에 관심을 갖게 되었다. 즉, 보는 사람은 관찰되는 사람과 함께 마음으로부터 공감하면서 몸의 긴장과 자세로 감정이입을 하고 스스로 구경하고 있는 사람의 입장에 섬으로써 제스처의 의미를 이해하곤 했다. 그러나 단순히 잠재의식적으로 제스처를 해석할 때는 오직 무의식적인 가정만 할 수 있다. 지그문트 프로이트는 "한 사람의 무의식은 의식을 거치지 않고 다른 사람의 무의식에 반응한다"라로 했다. 이 무의식적인 반작용은 이윽고 우리가 해보지 않고도 반응하는 '사실'들이 된다. 우리가 만일 그 제스처를 비우호적이라고 생각한다면 의식적인 조절 없이 적의의 악순환으로 퇴보하는 반응을 초래한다. 사고하는 인간으로서 우리는 반응하기 전에 대부분의 자극을 평가할 수 있어야 한다.

만일 우리가 의식적으로 일을 멈추고 제스처의 뜻을 해석할 수 있다면, 만일 우리가 제스처을 조사하고 확인시킬 수 있다면 커뮤니케이션이 퇴보하기 전에 그 과정을 다른 수준으로 향상시킬 수 있다. 우리는 자신의 제스처를 보았을 때 다른 사람의 반응을 재촉하고 있음을 발견할지 모른다. 또는 바람직하지 않다고 생각되는 제스처들이 단순히 다른 사람의 특이한 신체적인 버릇의 결과임이 발견될지 모른다.

예를 들어 어떤 판사는 재판 중에 변호사들을 보면서 눈을 깜박깜박하고 얼굴을 찌푸리는 과대의식과 신경질적인 경향이 있다. 그 판사는 뇌일혈의 휴유증으로 제스처에 고통의 표시를 하고 있었다. 또한 동일한 제스처가 다른 문화에서는 완전히 다른 반응을 불러일으켜 오해가 생길 수도 있다. 그래서 아직은 다른 제스처들이 단순히 습관 때문에 반복될 수 있고, 원인이 무엇이든 현재 취해진 태도를

다 신뢰하지는 않는다. 그래도 제스처는 잠재의식에서 꺼내어져 의식의 수준에서 인식됨으로써 좀더 의미있는 것처럼 보인다. 우리는 이것을 '잠재의식에 이르는 사고'라고 부를 수 있다. 이런 식으로 우리는 단지 잠재의식적인 감정이입의 느낌보다는 어떤 의미를 얻는다.

제스처 그룹

> "그는 코를 벌름거리고 입술은 둥글게 말리고 양볼은 빨개졌으며 눈썹은 치켜졌고 가슴은 들먹거리고 심장이 달아올랐다. 그리고 주먹은 줄곧 단숨에 때려눕힐 타격을 가할 준비가 되어 있었다."
> — W.S. 길버트의 「영국 군함 피나포어」에서

제스처의 다양한 요소들이 전후 관계로부터 떨어져 있을 때면 이해하기가 아주 힘들다. 그러나 제스처가 모두 제자리에 끼워 맞춰질 때는 완전한 그림이 펼쳐진다.

각각의 제스처는 언어에서의 한 단어와 같다. 언어로 이해되기 위해서는 말이 완전한 생각을 표현하는 단어나 '문장'으로 조직되어야 한다. 세미나 참석자들이 이러한 단어 및 문장의 공백을 재빨리 메우는 일은 보통이다. 일부는 비언어적인 커뮤니케이션의 세계에 대충 노출되면 '언어'를 유창하게 말하게 된다고 진심으로 믿는다. 반대로 이것은 그들을 전문가로 만드는 것이 아니라 단지 인식을 의식 수준이 되게 하는 역할을 할 뿐이라고도 한다. 우리는 사람들이 고립된 제스처에 대한 관찰과 이해를 근거로 성급하게 결론을 내리는 일을 말리고 싶다. 서로 조화된 제스처의 일치를 이해하는 것이 무엇보다 중요하다. 수초 동안 지속되는 정적인 제스처는 앞선 몸동작과 상반될 수 있고(불일치), 교대로 그 이후의 제스처에 의해 한층 더 부정될 수 있다.

소위 신경질적인 웃음은 불일치의 좋은 예이다. 우리가 녹화한 모든 신경질적인 웃음의 경우들에는 분명히 즐거움을 나타내는 소리와 불안을 알리는 제스처 그룹 사이에 불일치가 있었다. 거기에는 신경질적인 팔다리의 움직임이 있을 뿐만 아니라 마치 불쾌한 상황에서 도망치려는 듯이 몸 전체의 위치를 바꾼다. 이러한 제스처 그룹이 유머러스한 상황에서 생기는 경우는 좀처럼 없다. 그것은 웃는 사람이 스스로 불안하거나 또는 어떤 상황에 다소 겁을 먹고 있기까지 하다는 것을 나타낸다.

우리는 그룹을 이루는 일치된 제스처를 머리속에서 이어 맞춤으로써 표현된 태도를 이해하고 어떤 의미를 발견할 수 있다. 정말이지 우리가 찾아야 하는 것은 서로를 확인할 뿐만 아니라 그룹을 이루는 역할을 하는 비슷한 태도의 제스처들이다.

한 예로 자사 제품에 대해 아주 걱정이 많고 열성적인 세일즈맨과 일치된 제스처는 아마도 단거리 경주자의 자세로 발뒤꿈치를 들어올리고 양발을 벌린 채 의자 끄트머리에 걸터앉아 손을 탁자 위에 올려놓고 몸을 앞으로 내민 것일 수 있다. 어쩌면 조심스런 눈, 가벼운 미소, 그리고 깊은 주름살이 없는 이마와 같은 얼굴의 조화가 그 자세에 덧붙여질지 모른다.

제스처의 일치를 이해하는 것은 어떤 사람의 태도를 발견하고 그 행동에 의미를 부여하기 위한 감시 장치의 구실을 한다. 그것은 우리로 하여금 성급하게 결론을 내리기 전에 좀더 관찰하게 하는 '반 가정' 억제 역할을 한다. 처음에는 개개인의 제스처를 읽고 그것이 무엇을 의미하는가를 결정하는 것이 아주 재미있고 쉬워 보인다. 그러나 진지한 제스처 연구가는 곧 각각의 제스처가 재빨리 다른 제스처에 의해 반격되고 부연되고 혼동된다는 사실을 이해한다. 비언어적인 커뮤니케이션 인식에 대한 훈련을 받지 않은 사람들은 여러 경우의 일치를 고려하지 않고 제스처의 의미에 대해 재빠른 판단을 내려왔다. 경험으로 보건대 이것은 가장 해롭고 위험한 판단이었다.

영국의 특수 연구원 가운데 한 사람인 험프리스 박사는 우리에게 말의 교환에서 비언어적인 요소들의 신빙성에 대해 문의했다. 우리는 초기 연구에서 이따금 '명백한 말의 의미'와 '말을 사용하지 않은 의미' 사이에서 이분법을 발견했다고 말했다. 우리는 나중에 좀더 완전한 상황 평가가 있은 후에야 비언어적인 제스처들이 더욱 진실하다는 것을 알았다. 그러므로 제스처의 일치는 제스처들을 함께 이어 맞추는 것 뿐만 아니라 말과 제스처의 평가에도 관여하게 되었다.

전체 커뮤니케이션에 중요한 것은 제스처를 확인하는 구어(말)이다. 정치인들은 일치를 유지하는가의 여부에 따라 선거운동에 이길 수도 질 수도 있다. 텔레비전은 정치 선거운동에서 아주 탁월한 역할을 함으로써 제스처로 말을 하는 것이 공약 제시에 매우 중요하게 됐다. 그러나 불행히 우리는 아직도 많은 고위 정치가들이 자신의 발언과 일치하지 않는 제스처를 사용하는 것을 볼 수 있다. 예를 들어 어떤 정치가는 "나는 진심으로 젊은이들과의 대화를 기꺼이 받아들인다"고 말하면서 청중에게 손가락과 주먹을 흔든다. 또는 난폭한 격투를 하는 것처럼 손으로 연설대에 짧고 날카로운 타격을 가하면서 청중에게 자신의 따뜻하고 인간적인 접근방법을 납득시키려 한다.

제스처의 일치가 어떻게 도움을 줄 수 있는가를 결정하기 위한 테스트가 있다. 찰스 디킨즈의 「위대한 유산」에서 발췌해 낸 다음 부분은 독자가 생생하게 마음에 그릴 수 있는 장면이다.

　나는 길가를 쭉 훑어보다가 어느 순간 트랩의 사내아이가 파란색 빈 가방으로 자신의 몸을 치면서 다가오는 것을 보았다. 그에 대해 차분하고 침착하고 무의식적으로 생각하는 것이 가장 나답고 그의 사악한 마음을 억제할 수 있다고 판단한 나는, 그러한 얼굴 표정으로 다소 나의 성공을 자축하면서 앞으로 나아갔다. 그러자 그때 트랩의 소년은 갑자기 무릎을 덜덜 떨면서 머리카락이 곤두서고 모자가 머리에서 떨어졌다. 그는 사지를 격렬히 떨면서 비틀비틀 길로 걸어나와 내 위엄있는 등장 때문에 공포와 참회의 발작을 일으킨 척하면서 군중에게 소리쳤다. "날 잡아줘요! 너무 무서워요!" 내가 앞을 지나가자 그는 이가 커다랗게 딱딱 마주치는 소리를 내면서 모든 극심한 모욕의 표시와 함께 땅에 엎드렸다.

이 부분을 읽은 후에 다시 읽지 않고 인물과 장면을 머리속에 그려보도록. 마음의 눈으로 작가가 묘사한 것을 상상한 다음 눈에 보인 것을 적어두자. 곧이어 자신이 얼마나 정확하게 기억하는지 보기 위해 그 단락을 다시 읽어본다. 이제는 좀더 기억할 수 있는지 본다. 저자가 지극히 잘 의식하고 있는 제스처의 일치를 염두에 두고 다음 단락으로 똑같은 시각화를 시도해 보자. 그러나 제스처들을 함께 묶어 기억 사슬을 형성하도록 한다.

이것은 참기 어려운 일이었으나 아무것도 아니었다. 나는 2백 미터도 더 나아가지 않았을 때 이루 말할 수 없이 끔찍하고 놀랍고 화가 나게도 다시 트랩의 사내아이가 다가오는 것을 보았다. 그는 좁은 길 모퉁이를 돌아오고 있었다. 그는 파란 가방을 어깨에 걸치고 눈에서는 정직과 근면의 빛이 번쩍였으며 쾌활하고 기운차게 트랩으로 향하려는 결의가 걸음걸이에 나타났다. 그는 나를 알아채고 충격을 받아 아까처럼 심하게 괴로워했다. 그러나 이번에는 몸의 움직임이 바뀌었다. 그는 마치 자비를 구하듯 양손을 치켜들고 무릎을 약간 떨면서 비틀거리며 내 주위를 빙빙 돌았다. 일단의 구경꾼들은 몹시 즐거워하면서 그의 고통을 환영했다. 나는 완전히 어리둥절한 기분이었다.

일치는 인간의 행위가 지시되고 따라서 좀더 쉽게 상기될 수 있는 '구성'을 제공할 수 있다. 일치에 따르는 문제는 우리가 말을 사용하는 커뮤니케이션뿐만 아니라 비언어적인 말을 사용하지 않는 메시지들도 조정하는 경향이 있다는 점이다.

예를 들어 활기차게 사무실로 걸어 들어오는 사람이 있다고 상상하자. 그는 아침 인사를 하고 상의의 단추를 푼 다음 얼굴에 가벼운 미소를 띄고 의자 팔걸이에 양손을 얹고 다리를 벌린 편안한 자세로 앉는다. 여기까지 모두 일치하는 제스처는 그 사람이 방어적이 아니라 잘 받아들이고 솔직하며 아마도 주위 환경에 안심하거나 마음이 편하다는 것을 나타낸다. 일단 처음의 제스처들을 복합된 태도나 감정으로 '구성'한 뒤에는 소리의 수신을 위해 시각적인 수신을 막고 마음 편하게 만사가 잘 되고 있다는 기분 좋은 믿음을 갖기가 쉽다는 것을 알게 될 것이다. 무언가가 잘못되었다는 것을 깨닫고 무기력에 깜짝 놀랄 때는 돌연한 각성이 생긴다. 그 사람은 이제 주먹을 꽉 쥐고 이야기하거나 당신에게 집게손가락을 휘두르고 있다. 그는 얼굴을 찡그리면서 열이 나거나 또는 화가 나서 얼굴이 붉어지는 중이다. 분위기는 재빨리 당신이 스스로 모면해야 하거나 또는 적의있는 친구나 고객이나 손님을 상대해야 하는 다소 불쾌한 상황으로 떨어졌다. 처음에는 집중해서 제스처를 객관적으로 보기가 힘들지만 매일 자각을 훈련시키면 마치 언어를 배우는 것처럼 그것이 한층 더 쉬워진다. 그리고 일치에 대해서는 의미를 갖기 위해 함께 맞추어져야 하는 단순한 부분으로서 제스처들에 정신을 집중하는 대신에 제스처 그룹에 집중한다. 그러면 몸동작과 제스처의 일치가 상당히 더 간단하게 이해된다. 이것은 전체적인 의미를 보는 데 커다란 도움이 된다.

제스처에 대한 이해를 효과적으로 이용하는 법

"웃을 때 배가 움직이지 않는 사람을 조심하라."
—— 중국 광동 격언

사람들은 다른 이해의 수준에서 다른 유형의 정보를 전달할 수 있다. 커뮤니케이션의 과정은 단순히 구어나 문어로 구성되는 것이 아니다. 어떤 사람과 대화를 하려 할 때 가끔은 이해를 얻고 가끔은 실패한다. 그것은 당신이 무엇을 말했는가 또는 어떻게 말했는가는 사고의 논리 때문이 아니다. 그것은 대부분 커뮤니케이션을 받아들이는 것이 듣는 사람의 비언어적인 커뮤니케이션에 대한 감정이입의 정도에 기초를 두기 때문이다.

아내에게 등을 돌리고 말없이 현관문을 쾅 닫는 남편은 아주 중요한 메시지를 알리고 있는 중이다. 우리는 다중처리 방식으로 통신을 한다. 따라서 말을 사용하지 않는 언어를 이해하는 것이 도움이 될 수 있음을 이해하기는 그다지 어렵지 않다. 그러나 당신의 감정적인 관계와 매너리즘과 버릇과 제스처는 사업상의 회의나 파티 또는 구기 경기장, 술집, 전철이나 버스에서 옆에 앉아 있는 사람의 것과는 다르고 독특하다는 사실을 기억하도록. 또한 사람들을 이런저런 범주에 묶어 넣으면서 다루는 것은 보상보다 위험이 더 많다.

제스처를 관찰하고 알아차리게 되는 것은 아주 간단하다. 그러나 그것을 해석하는 것은 별개의 문제이다. 한 예로 우리는 말하면서 입을 가리는 제스처를 기록하고 관찰하고 입증해 왔다. 이 행동은 자신이 말하고 있는 것에 대한 불확실을 나타내는 것이라는 의견의 일치가 있다. 그렇다면 만약 누군가가 갑자기 손가락 틈 사이로 말하기 시작한다면 그가 거짓말을 하고 있는 것일까? 확실치 않은 것일까? 아니면 자신이 하고 있는 말을 의심하는 것일까? 아마도 이 세 가지 이유 중에 하나 때문일 것이다. 그러나 성급히 결론을 내리기 전에 (가능하다면) 그 사람이 이전에 그러한 태도로 말했었는가를 생각해낸다. 상황은 어떠했는가? 아니라면 그가 최근에 어떤 치과 치료를 받아 말하면서 자신을 의식하게 되었거나 누군가로부터 입에서 냄새가 난다는 얘기를 들었다고 생각해보자. 만일 그가 말하면서 입을 가린 기록을 갖고 있다면 계속해서 제2단계의 분석을 해본다. 그가 무슨 말을 한 후에 시험해 보고 싶다면 "확실해요?"라고 물어본다. 그처럼 솔직한 질문에 대해 "그렇다"는 간단한 대답이 나올 수 있다. 또한 상대방이 아주 방어적이 될 수도 있는데 이 경우에는 그가 자신이 한 말에 확신을 갖고 있지 않음을 알 것이다. 또는 그가 "그 말을 들으니 정말은 확실하지 않은 것 같군"과 같은 말을 하면서 질문에 대답할 것이다.

말에 의한 이해에서와 마찬가지로 우리는 모든 전후 관계를 이해해 고려해야 한다.

경험, 양자택일의 확인, 그리고 일치는 중요한 요소들이다.

그러나 평소에 확인 방법을 이용할 수 없는 상황에서는 손으로 입을 가린 제스처의 의미에 대한 대다수 사람들의 의견을 고려해야 한다. 세미나에 참석했던 법집행자들은 예외없이 그 제스처는 당사자가 의심하면서 확신하고 있지 않고 거짓말을 하거나 진실을 왜곡하고 있음을 나타낸다고 말한다.

세미나 참석자 중의 한 사람은 비언어적인 커뮤니케이션에 대해 토론하면서 다음과 같이 보고했다.

"시카고의 세미나에서 돌아오는 비행기 안에서 내 옆에 앉은 여자는 자신이 공인 간호사라고 설명했습니다. 이어서 그녀는 계속 온통 의료 직업에서의 잘못과 비리들에 대해 얘기했습니다. 내 생각에 그녀는 지나치게 일반화하면서 분명히 그릇된 결론을 끌어내고 있었습니다. 요점은 내가 귀를 기울이려 하면서도 한편으로는 아주 단호하게 그녀가 무슨 얘기를 하고 있는지 모른다고 느끼면서 팔짱을 끼고 있었다는 것입니다. 내가 이러한 자세를 하고 있음을 깨달았을 때 나의 마음속에서 무슨 일이 일어나고 있는가를 이해했습니다. 나는 다른 접근법을 시도했습니다. 나는 팔을 풀고 평가를 하지 않으면서 계속 귀를 기울였습니다. 그 결과 나는 좀 더 열심히 들을 수 있었습니다. 나는 덜 방어적이 되었고 비록 의견을 달리한다 해도 그녀는 이제 내가 좀더 충분히 귀를 기울이면서 올바른 대답을 하고 있다는 것을 깨달을 수 있었습니다."

팔짱을 낀 제스처는 다른 방법으로 다르게 이해되고 이용될 수 있다. 우리는 누군가와 대화하려 할 때 그 사람이 과거의 담배 가게 인디언처럼 이러한 자세를 취하는 것을 눈치챌 수 있다. 이것은 그가 듣지 않을 것이며 전혀 끄덕도 하지 않는다는 것을 나타내는 제스처 중의 하나이다. 우리는 대화를 하면서 자주 이것을 깨닫고 달리 취할 수 있는 방법과 길을 시도해 봄으로써 그것에 대처하기 보다는 똑같은 대화 방식을 따르고 번개같이 말한다. 따라서 그 사람이 대화에 협력하도록 돕는 대신 더 멀리 쫓아내는 경향이 있다.

피드백(feedback)은 완전한 전달 과정에서 중요한 역할을 한다. 그리고 제스처 그룹은 중요한 피드백이다. 그것은 개인이나 그룹이 말을 사용하지 않으면서 어떻게 반응하고 있는가를 매 순간 동작마다 정확하게 나타낸다. 우리는 하고 있는 말이 긍정적으로 아니면 부정적으로 받아들여지고 있는지, 청중이 솔직한지 또는 방어적인지, 자제력이 있는지 또는 지루한지의 여부를 알 수 있다.

연사들은 이것을 청중 의식 또는 그룹과 관계를 갖는 것이라고 부른다. 말을 사용하지 않는 피드백은 당신에게 원하는 결과를 가져오기 위하여 변화되고 물러나거나 무언가 다른 일을 해야 한다고 경고

할 수 있다. 피드백을 알고 있지 않으면 어떤 개인이나 또는 청중에게 당신의 신뢰성이나 성실성을 전달하지 못할 가능성이 크다.

우리 세미나에 참석했던 한 변호사는 의식적으로 비언어적인 커뮤니케이션을 고려함으로써 얻은 이익들을 설명하는 편지를 보내왔다. 그는 자신의 고객이 사무실을 방문하는 중에 '방어적인 자세'로 팔짱을 끼고 다리를 포갰으며 계속해서 그 다음 시간을 그에게 훈계하면서 보냈다고 말했다. 말을 사용하지 않는 그 제스처에 함축된 의미를 알아차린 그는 고객이 자신의 방식대로 말하도록 내버려두었다. 이렇게 한 다음에야 비로소 그 변호사는 고객이 처한 어려운 상황을 다루는 방법에 대해 전문적인 조언을 해주었다. 그 변호사는 우리 세미나에 참석하지 않았다면 그 고객에게 자신을 잘 받아들일 기회를 주지 않았을 것이라고 말했다. 고객의 요구를 읽지 못하고 아마도 즉각 불필요한 충고를 하려했을 것이기 때문이다.

세미나 참석자들의 공통된 관찰은 "15분 동안씩이나 무슨 일이 일어나고 있는가를 모르면서 무시되고 있는 자신을 발견하기 때문에 좌절감을 느낀다"는 것이다. 비언어적인 커뮤니케이션을 철저하고 완전히 이해하는 기술은 거의 외국어를 유창하게 말할 수 있게 되는 것만큼 힘든 학습 과정이다. 우리는 자신의 청중에게 전달하고 있는 의미와 자신의 제스처에 대한 신중한 의식을 유지할 뿐만 아니라 적어도 하루에 10분을 의식적으로 다른 사람들의 제스처를 '읽는' 시간을 따로 내라고 추천한다.

어디든 사람들이 모이는 곳은 훌륭한 '독서실'이다. 감정을 자유롭게 표현하게 하고 태도의 분극화를 가능하게 하는 사교 및 사업상의 모임들은 특별히 철저한 연구를 하기에 적절하다. 이러한 모임에 참석하는 사람들의 태도는 대개 열성적이어서 각자 '자신이 느낀 것을 숨김없이 말하는' 경향이 있다. 그러나 예습을 하기 위해 집을 떠날 필요는 없다.

특히 텔레비전의 인터뷰와 토론 프로그램들은 비언어적인 커뮤니케이션을 읽기 위한 풍부한 영역을 제공한다. 그냥 화면을 보면서 무슨 일이 일어나고 있는가를 이해하려고 노력해 본다. 그리고 5분 간격으로(소리를 켜고) 당신이 제스처를 읽고 해석한 것과 말에 의한 커뮤니케이션을 대조해 본다. 반드시 일치와 제스처 그룹들을 지켜보도록 하자.

제스처를 읽기 위한 자료

"우리 스스로가 하나의 불가사의한 통일체로 이루어졌음을 아는
것이 최고의 인간이다!"
── 사무엘 테일러 코울리지의 「종교적인 명상」에서

    우리는 세미나를 주최할 때마다 제스처의 관찰과 해석상의 의미에 관한 정보의 보고를 이용할 수 있었다. 우리는 보통 세미나의 첫 시간에는 사람들에게 그들이 관찰한 제스처에 대해 논평하고 가능한 의미를 잘 생각해 보라고 부탁한다.
    팔짱을 끼는 것처럼 좀더 명백한 제스처는 금방 방어적인 자세와 관련된다. 그러나 손가락 끝을 모아 뾰족한 탑 모양을 만드는 것(그림 40 참조) 같은 제스처는 종종 신뢰와는 다른 무언가로 잘못 해석된다. 이 제스처에 관해 모아 놓은 자료를 논의하면서 실제 상황에서 누군가가 손가락 끝을 모아 뾰족탑 모양을 만들 때 어떻게 반응할 것인가를 물으면 대다수가 자신만만한 태도와 손가락으로 첨탑 모양을 만드는 제스처가 사실은 일치한다고 동의한다. 이 제스처에 덧붙여 약간 입술을 위로 향하게 하면서 희미한 미소를 띠면 대부분이 '카나리아를 꿀꺽 삼킨 고양이' 제스처라는 호칭을 받아들일 것이다.
    제스처의 독자적인 중요성은 가끔 그것을 판단하는 사람에 따라 다르게 여러가지로 해석되기 쉽다. 그러나 우리는 각각의 제스처가 오직 한 개의 입력이고 우리가 추구하는 것은 전체적으로 일치된 커

뮤니케이션의 상황임을 기억해야 한다. 제스처 그룹과 그 전후의 제스처들을 모르면서 오직 한 개의 신호만을 관찰한 것에 의해 전적으로 영향을 받아서는 안 된다.

어떤 제스처 그룹의 완전한 의미를 이해하고 그 구성 요소들의 일치를 결정하기 위하여는 우선 쉽게 분간할 수 있고 종종 마주치는 여러 형태의 비언어적인 커뮤니케이션을 살펴 보도록 하자.

얼굴 표정

"눈의 언어에는 사전이 필요 없지만 전 세계적으로 이해된다는 이점과 함께 인간의 눈은 혀만큼 많은 이야기를 주고 받는다."
— 랄프 왈도 에머슨

비언어적인 커뮤니케이션의 모든 영역중에서 가장 논쟁의 여지가 적은 부분은 확실히 얼굴 표정인데 가장 쉽사리 관찰되는 제스처 그룹이기 때문이다.

우리는 몸의 어떤 다른 부분보다 얼굴에 시선을 집중 시킨다. 그리고 우리가 그곳에서 보는 표정들은 널리 인정되는 의미를 갖고 있다. 거의 모든 사람들이 언젠가는 '살인적인 눈빛', '차가운 눈', '이리로 오라는 표정', 또는 '날 마음대로 해도 되요'라는 시선과 마주친다.

업무 협상중에 우리는 광범위한 얼굴 표정을 관찰할 수 있다. 극단적으로는 협상을 '이판사판의 상황'이 존재하는 경기장으로 보는 공격적이고 적의 있는 협상자가 있다. 그러한 사람은 전형적으로 입을 꽉 다물고 눈꼬리를 내린 채 눈을 크게 뜨고 바라보며 가끔은 입술을 거의 움직이지 않으면서 목소리를 죽여 말하기도 한다. 스펙트럼의 다른쪽 끝에는 이마를 전혀 찡그리지 않고 평화스러운 아치형의 눈썹과 반쯤 감기거나 약간 늘어진 눈까풀로 분명치 않게 가벼운 미소를 띤 성가대 소년같은 표정의 나무랄 데 없는 매너로 협상 테이블에 접근하는 사람이 있다. 그러나 아마도 그는 협동을 어떤 동적인 과정이라고 믿는 대단히 유능하고 경쟁적인 사람이다.

최근「마케팅 매거진」에 '고객이 정말로 무슨 생각을 하고 있는가를 세일즈맨들이 알아내는 방법'이란 제목의 기사를 쓴 심리학자 제인 템플톤은 다음과 같이 관찰했다.

고객이 될 것 같은 사람이 눈을 내리깔고 외면한다면 거절하면서 못 들어오게 하고 있는 중이다. 그러나 기계적인 미소를 띄우지 않고 입에 긴장이 들어가 있지 않으면서 턱이 앞으로 나와 있다면 아마도 살 것을 고려하는 중이다. 만일 그가 적어도 코까지 웃으면서 가볍게 일방적인 미소를 띤 채로 한 번에 수초 동안 당신의 눈을 응시한다면 당신의 제안을 비교 검토하는 중이다. 그리고 만일 그의 머리가 당신의 머리와 똑같은 정도로 돌려져 있고 미소가 편안하고 열정적으로 보인다면 사실상 판매가 이루어진 셈이다.

우리는 얼굴 표정을 통한 커뮤니케이션이 존재한다고 인정하는 많은 사람들이 한 번도 그것이 특별히 어떻게 전달하는가를 이해하려

하지 않았음을 발견했다.

예를 들어 포커를 하는 사람은 포커 페이스 즉 '무표정한 얼굴'을 가졌다는 얘기를 들으면 무슨 의미인가를 분명하게 이해한다. 그러나 실제로 멍한 표정, 무표정, 냉정한 표정 등등 전혀 감정을 표현하지 않는 것들의 밑에 깔린 의미를 분석하려 하는 사람은 극히 적다.

우리가 세미나에서 의식의 확립을 돕기 위해 이용한 초기 방법 가운데 하나는 회의장에서 탁자를 가운데 두고 마주앉은 두 그룹을 보여주는(그림 4 참조) 시청각 교재 슬라이드이다. 얼굴 표정으로 보아 오른쪽에 앉아 있는 사람들은 만족하고 자신만만하면서 자부심이

그림 4. 대립집단

강하고, 왼쪽에 앉은 사람들은 잘 풀리지 않고 화가 나있으며 방어적임이 분명하다.

커다란 화면으로 이것을 본 후에 참석자들은 그룹이 두 개의 반대파로 나뉘어진 것처럼 보인다고 동의한다. 일단 이러한 양보를 얻은 후에 우리는 "어떤 점에서 그렇게 전달되는가?"라는 질문을 한다. 비록 어떤 사람들은 단순히 '얼굴 표정'이라는 말밖에 하지 않지만 좀더 지각이 있는 다른 사람들은 이마의 깊은 주름, 가지런한 눈썹, 과장된 눈의 벌어진 틈, 벌름거리는 콧구멍 등등에 대해 자세히 언급한다.

'전 인류에게서 똑같은 표현과 제스처가 널리 퍼져 있는가의 여부'를 규명하기 위한 고전「동물과 인간의 감정 표현」에서 찰스 다윈은 전세계에 흩어져 있는 자신의 통신원들에게 질의서를 보냈다. 질문들은 간단했지만 그는 훈련된 관찰자일지라도 '기억이 아니라 실제 관찰'을 이용하라고 요청했다. 다음은 다윈의 질문 가운데 일부이다.

1. 놀람은 크게 벌려진 눈과 입 그리고 치켜올려진 눈썹으로 표현 되는가?
2. 피부색이 눈에 띌때는 수치 때문에 홍조가 일어나는가? 그리고 특별히 홍조가 몸의 어느 부분까지 미치는가?
3. 격분하거나 반항적일 때는 눈살을 찌푸리면서 몸과 머리를 똑바로 세우고 어깨를 펴고 주먹을 꽉 쥐는가?
4. 어떤 문제를 깊게 곰곰이 생각하거나 수수께끼를 이해하려 할 때는 얼굴을 찡그리는가? 혹은 아래 눈까풀 밑에 있는 피부에 주름이 잡히는가?

그는 위의 질문을 포함한 다른 기본적인 질문들에 대해 전세계 다양한 지역에 있는 36명의 다른 관찰자들로부터 회답을 받았다. 그들의 대답은 얼굴 표정을 통한 커뮤니케이션에서는 상당히 비슷함을 보여주었다.

크리스토퍼 브래니건과 데이빗 험프리즈가 이끄는 영국의 연구팀은 135개의 독특한 제스처와 얼굴 및 머리와 몸의 표현들을 분리해서 목록을 만들었다. 이중에서 80개는 얼굴과 머리의 제스처들에 관

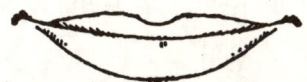

그림 5A. 단순한 미소

그림 5B. 중간 미소

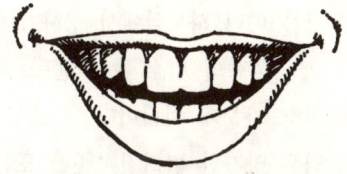

그림 5C. 환한 미소

련된 것이다. 그들은 각각 다른 9개의 미소를 기록했는데 3개는 아주 평범한 것들로 단순한 미소, 보다 큰 중간 미소, 환한 미소이다.

간단히 분석해 보겠다.

이를 드러내지 않는 '단순한 미소(그림 5A)'는 보통, 사람이 어떤 외향적인 활동에 참여하지 않을 때 보인다. 그것은 자기 혼자서 웃고 있는 것이다.

'중간 미소(그림 5B)'에서는 위의 앞니들이 노출되어 있고 대개는 개인들간에 직접 대면하는 접촉이 있다. 이것은 종종 친구들이 만날 때나 또는 가끔 아이들이 부모님께 인사할 때 인사의 미소로 사용된다.

'환한 미소(그림 5C)'는 일반적으로 놀이를 하는 도중에 보이며 종종 웃음과 연결된다. 그리고 위아래의 앞니들이 모두 드러나고 직접적인 대면은 좀처럼 일어나지 않는다.

미소를 반드시 정확하게 행복한 순간과 관련지어 생각할 필요는 없다. 버밍엄대학의 이완 그랜트 박사는 "타원형의 미소를 조심하라"고 말한다. 그는 많은 이들이 정중해야 할 때 사용하는 경향이 있는 미소를 그렇게 칭한다. 이 미소는 입술이 위아랫니로부터 완전히 뒤로 젖혀져 치아가 입술과 타원형을 이룬다. 아무튼 이 미소에는 깊이가 없다. "이것은 농담이나 즉석 발언을 즐기는 척하는 미소 또는 우거지상이다. 또는 여자가 술 취한 사람으로부터 지나친 관심을 받을 때나 사무실에서 상사가 쫓아다닐 때 보이는 미소이다."

'타원형의 미소'는 그랜트 박사가 정의했던 다섯 가지의 기본적인 미소 가운데 하나이다. 다른 것은 위의 앞니만 노출되고 일반적으로 입은 약간만 벌려진 '중간 또는 인사의 미소'인 '단순한 미소'는 누군가가 홀로 행복할 때 일어난다. 입술은 위를 향해 안쪽으로 구부러지지만 여전히 붙어 있으므로 이가 노출 되지는 않는다.

'환한 미소'는 '유쾌한 흥분의 상태'에서 일어난다. 입이 벌어지고 입술은 곧장 뒤로 말리며 위와 아래의 이들을 모두 볼 수 있다.

'입술이 들어간 미소'는 종종 수줍은 체하는 여자들의 얼굴에서 보여진다. 이것을 위 입술이 이 사이에서 안으로 말려들어간 것을 제외하고는 중간 미소와 거의 똑같다. "그것은 어떻게 해서든 당사자가 만나고 있는 사람에게 종속한다고 느낀다는 의미다."

개인들 사이의 대립은 아주 다른 표현을 낳는다. 양눈썹은 대개 안쪽 끝에서 내려가 찡그린 상이 된다. 동시에 입술은 긴장되어 이가 보이지는 않지만 약간 앞으로 내밀어진다. 머리와 턱은 가끔 아주 반항적인 움직임으로 앞으로 내밀어진다. 눈은 '정면으로' 대결하는 적수를 노려본다. 이와 같은 상황들에서는 두 사람 다 좀처럼 시선을 비키지 않는데 이것이 외면하는 사람의 패배나 두려움의 신호를 보낼 것이기 때문이다. 대신에 눈들은 최면술에 걸린 듯 응시하고 있는 것 같고 극도로 집중한다.

또한 얼굴 표정은 충격이나 커다란 놀람을 표현할 수도 있다. 이러한 감정 상태에서는 충격으로 인해 턱의 근육의 풀어지고 아래 턱이 처지기 때문에 입이 딱 벌어진다. 그러나 입이 무의식적으로 벌어지지만 충격이나 놀람으로 인한 것이 아닌 때가 있다. 이것은 예를 들어 어떤 기계의 정교한 부품들을 함께 맞추려 할 때처럼 한 가지에 아주 열심히 집중해 눈 아래의 모든 얼굴 근육들이 완전히 풀어질 때에 일어난다. 가끔은 혀까지도 입에서 튀어나온다.

말하거나 들으면서 쳐다보지 않는 대부분의 사람들은 틀림없이 무언가를 감추려 하고 있다는 결론에 도달했다. 이것이 우리 세미나에 참석했던 법 집행관들의 의견과 일반적으로 일치된다. 마이클 아가일은 저서 「대인 관계의 행동심리학」에서 사람들은 만나는 시간의 30 내지 60퍼센트 동안만 서로를 바라본다고 평한다. 또한 그는 두 사람이 말하면서 60퍼센트 이상의 시간을 서로 바라볼 때는 아마도 말하고 있는 것보다 상대방에게 더 관심이 있다는 것에 주목한다. 두 가지의 극단은 홀딱 반해서 서로를 바라보는 연인들과 싸울 태세가 돼있는 두 적대자들일 것이다.

아가일은 또한 추상적으로 생각하는 사람들은 구체적으로 생각하는 사람들보다 좀더 자주 눈을 마주치는 경향이 있다고 믿는다. 추상적인 사고가들은 들어오는 자료를 통합하는 능력이 더 크고 눈의 접촉에 의해 주의가 산만해질 가능성이 더 작기 때문이다.

우리는 또한 사람들이 말할 때보다는 들을 때 좀더 눈을 쳐다보는 경향이 있음을 발견했다. 그들은 또한 불안하거나 죄책감을 느끼게 하는 질문을 받을 때면 뚫어지게 보는 것이 질색이라고 말한다. 반면에 방어적이고 공격적이거나 적의를 느끼게 하는 말에 반응하거나 그러한 질문을 받을 때면 눈의 접촉이 극적으로 증가한다. 이따금 사람이 이처럼 자극될 때는 동공이 팽창하는 것을 분명히 볼 수 있다.

모든 규칙과 마찬가지로 예외는 있다. 눈 접촉의 빈도는 다른 개인과 문화에 따라 극적으로 변동한다. 어떤 사람들은 수줍음 때문에 눈의 접촉을 피하거나 적어도 조금이라도 가능하다면 최소화하려는 경향이 있다. 이러한 사람들은 아마도 주변에서 가장 정직하고 성실하고 헌신적인 사람들일 수 있다. 그러나 항시 상대방을 쳐다보지 못한다면 그때마다 그들은 무심코 의심과 가능한 발뺌을 전달하고 있는 중이다.

미국 세관을 통과해 본 사람이라면 세관원에게 다가갈 때 이미 필요한 사항을 다 기입한 신고서를 건넸다는 사실에도 불구하고 신고할 것이 없느냐는 질문을 받은 사실을 기억할 것이다. 그때 세관원이 용지를 바라보았는지 아니면 당신의 눈을 들여다보았는지 기억해 보자. 아마 그는 신고서를 손에 쥐고 있다 해도 당신의 눈을 똑바로 쳐다보았을 것이다. 장 드 라 퐁테인이 말했듯이 "사기꾼을 속이는 것은 두 배의 즐거움을 준다", "누군가에게 추파를 던진다"는 것은 그 눈길이 아무리 짧다 해도 관심을 나타내는 눈의 접촉을 동반하는 얼굴 표정을 묘사한다.

라틴 아메리카 국가들에서 '파세오'는 거의 오로지 이러한 형태의 비언어적인 커뮤니케이션에만 열중하는 의식이다. 매주 일요일이면 약혼이나 결혼을 하지 않은 젊은 남녀들이 시내 광장에 모인다. 적당한 남자들은 한 방향으로 여자들은 다른 방향으로 걷는다. 그들 중에 누군가가 추파를 받고 서로 관심을 주고 받은 듯하면 다음에 돌아올 때 몇 마디 말이 교환되고 이것이 데이트로 연결될 수 있다.

곁눈질은 스페인어와 영어 모두에서 훔친 눈빛으로 알려져 있다. 그것은 보기는 원하지만 그것에 붙잡히기 싫은 비밀주의의 사람들에 의해 이용된다. 다른 극단은 눈까풀을 내리깔고 힐끗 보는 일별이다. 눈까풀은 눈을 감추기 위해서가 아니라 흥미있는 대상에 일별을 집중하기 위해 내려진다. 진행중인 그림을 바라보는 화가와 불멸의 헌신을 보이는 연인들은 특별히 잘 그런다.

「트레이닝 앤 디벨럽먼트 저널」지에 비언어적인 커뮤니케이션에 관한 일련의 기사들을 쓴 조지 포터는 불쾌나 혼란은 언짢은 표정으로 나타내질 수 있고, 부러움이나 불신은 치켜올린 눈썹에 의해, 적대심은 턱의 근육을 꽉 죄거나 또는 눈을 가늘게 뜨는 것에 의해 보여질 수 있다고 언급한다. 그 외에 반항적인 어린 남자아이가 부모에게 거역할 때 하듯이 턱을 내미는 아주 흔히 볼 수 있는 제스처가 있다. 또한 어떤 사람이 적대감을 갖게 되면서 턱의 근육을 팽팽히 당길 때는 입술을 지켜보도록. 입술도 오므리는 제스처로 팽팽해진다. 입술을 오므리는 행동은 그가 방어적인 자세를 취했으며 가능한 알리지 않거나 반응하지 않을 것임을 전한다. 이것이 아마도 "입을 굳게 다문"이란 표현을 낳았을 것이다.

걸음걸이

> "그는 우아하게 움직이거나 가만히 서 있는 기술이 없어 마치 형을
> 의심하듯 한 다리로 엉거주춤하게 당황해서 뻣뻣하게 서 있다.
> 소망은 다른 한쪽에서 달아난 것 같다."
> —— 찰스 처칠의 「로시아드」에서

　모든 사람들은 친구들이 쉽사리 분간할 수 있는 독특한 걸음걸이를 갖고 있다. 이런 특징은 적어도 어느 정도 몸의 제스처 때문이지만, 걸음의 속도와 보폭의 길이와 자세는 감정과 연관하여 변화하는 듯하다. 어린 아이는 행복할 때 좀더 빨리 움직이고 발이 아주 가볍다. 그렇지 않을 때면 어깨가 축 쳐져서 구두창이 납으로 만들어진 것처럼 걷는다. 세익스피어는 「트로일로스와 크레시다」에서 어린 수탉의 걸음걸이를 잘 묘사하고 있다.
　"복사뼈 관절 뒤의 건(腱)에 자부심을 느끼면서 뽐내며 걷는 선수 같다."
　일반적으로 팔을 마구 휘두르며 빨리 걷는 어른들은 목표 지향적이고 즉시 목표를 추구하는 경향이 있다. 반면에 따뜻한 날씨에도 습관적으로 호주머니에 손을 넣고 걷는 사람은 비평적이고 비밀주의인 경향이 있다. 대체로 그러한 사람은 다른 사람들을 헐뜯기를 좋아하기 때문에 악마의 옹호자 역할을 아주 잘 맡아 한다.
　사람들은 낙담하게 될 때면 호주머니에 손을 찔러 넣고 발을 질질 끌고 다니면서 좀처럼 위를 쳐다보거나 자신이 가고 있는 방향을 눈치채지 못한다. 이러한 기분인 사람이 보도 가장자리에 붙어있는 연석 가까이를 걸으면서 무엇이든 그곳에 놓여있는 것을 응시하는 모

그림 6. 낙담한 보행자

습(그림 6)을 보는 경우는 흔하다. 어느날 아침에 그러한 사람을 발견하고 불쌍히 여긴 한 신부가 "결코 실망하지 말라"는 위로의 말과 함께 그에게 2달라를 주었다는 얘기가 있다. 다음날 아침 신부는 다시 그 남자를 보았는데 이번에는 그가 다가와 40달라를 건네면서 이렇게 말했다. "'결코 실망하지 말라'가 이겨서 20배의 상금을 땄어요."

허리에 손을 얹고 걷는 사람(그림 7)은 장거리 경주자이기 보다 단거리 경주자이기 쉽다. 그러한 사람은 목표에 도달하기 위해 가능한 가장 빠른 시간에 가능한 가장 짧은 거리를 가고 싶어한다. 그는

그림 7. 에너지가 폭발할 것처럼 걷고 있는 사람

다음의 결정적인 움직임을 계획하면서 무기력해 보이는 기간을 보낸 뒤에 종종 갑작스런 에너지의 분출을 보인다. 아마도 이러한 유형의 걸음걸이로 가장 유명한 사람은 윈스턴 처칠 경이었다. 그 포즈는 그의 '승리의 사인'만큼 독특했다.

가끔, 어떤 문제에 정신이 팔린 사람은 걸으면서 명상중인 자세를 취할 것이다. 고개를 숙이고 등 뒤로 두 손을 꽉잡은 모습으로(그림 8). 그러한 사람들은 걸음 속도가 아주 느리고 돌을 걷어차기 위해 걸음을 잠깐 멈추거나 또는 종이 조각을 뒤집거나 땅에 버리기 위해

제스처를 읽기 위한 자료 41

그림 8. 정신이 팔려 걷고 있는 사람

그림 9. 점잔빼며 걷는 사람

팔을 뻗기까지 할지 모른다. 그들은 자신에게 "이것을 사방에서 바라보자"고 중얼거리고 있는 것 같다.

독선적이고 다소 잰 체하는 사람은 무솔리니가 유명하게 한 걸음 걸이(그림 9)로 자신의 마음 상태를 알릴 수 있다. 턱은 치켜올라가고 양팔을 지나치게 흔들면서 다리는 약간 뻣뻣하고 걸음 속도는 의도적으로 깊은 인상을 주기 위해 계산 되어 있다.

'보조를 맞춘다'는 것은 부하들이 뒤에서 보조를 맞추는 지도자들과 어미를 따라가는 새끼 오리들의 대형에 똑같이 잘 적용되는 표현이다. 그것은 뒤따르는 사람들의 충성과 헌신을 나타내는 표시이다.

모든 사회에서 지도자들은 보조를 맞춘다. 이 단순한 관찰은 소련 문제 연구가들에게 소련의 지도자들에 관한 아주 긴 원고를 쓰게 했고 FBI에게는 마피아의 인물들에 관해 아주 귀중한 정보를 제공해 왔다. 또한 이것은 어떤 조직에서든 가장 높은 사람과 상대하고 싶어하는 사람에게 도움이 될 수 있다.

악수

"마음이 들어있지 않는 손, 잡기 위한 날카로운 발톱이 있는 짐승의 발 같은 손, 지느러미나 물갈퀴 같은 손, 젖은 헝겊 조각 같은 손, 굽지 않은 빵 반죽 덩어리 같은 손, 주춤하게 만드는 차갑고 끈적끈적한 손, 불타는 석탄처럼 떨어뜨린 죄악의 열기로 탐욕스럽게 움켜쥐는 손."
—— C. A. 바톨의 「싹트는 믿음」에서

많은 남자들은 가까운 친척이 "남자답게 악수하는 법을 가르쳐주겠다"고 한 말을 생각해 낼 수 있다. 그 다음에는 어떻게 상대방의 손을 힘차게 쥐는가, 어떻게 강하게 꽉 쥐는가, 그리고 어떻게 놓는가에 관한 지시를 따랐다.

그러나 아무도 여자 사업가에게 '여자답게' 악수하는 방법을 가르쳐주지는 않는다. 그녀는 끊임없이 자동적으로 '남자답게' 손을 내밀어 인사하는 남자 사업가들을 만나왔기에 자기 방어로써 남자와 같은 굳은 악수를 익힌다.

여자들은 특별한 위험에 처한 다른 여자에게 진심에서 우러난 감

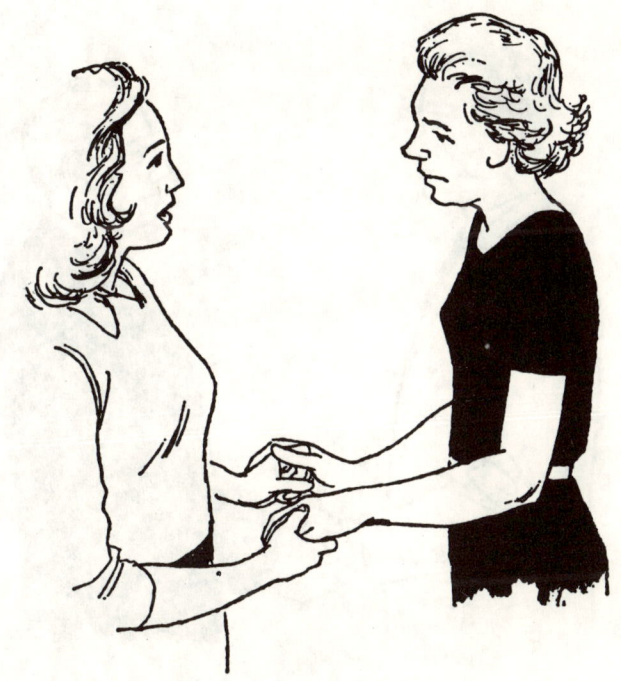

그림 10. 동정을 표현하는 여자들

정을 표현할 때 악수를 하지는 않는다. 그들은 깊은 연민을 전하는 일치된 얼굴 표정과 함께 상대방의 손을 부드럽게 쥔다(그림 10). 때로는 가끔 그 태도를 확인하는 포옹이 뒤따를 것이다. 여자가 남자에게 이러한 제스처를 쓰는 경우는 극히 드물 것이다. 그것은 여자들이 특별히 동성과의 커뮤니케이션을 위해 마련해둔 것 같다.

악수는 무기를 들고 있지 않음을 나타내면서 양손을 치켜드는 원시적인 제스처의 변형이다. 나중에는 그 인사가 손을 가슴에 대는 로마식 경례였다. 로마제국 시대 동안에는 남자들이 손 대신에 서로 팔

그림 11. 정치가의 악수

뚝을 붙잡았다. 현대의 악수는 환영의 제스처로 손바닥을 서로 겹치는 것은 숨김이 없음을 뜻하고 접촉케 하는 것은 합일을 뜻한다.

악수를 하는 습관은 나라마다 다르다. 프랑스인들은 방에 들어오고 나갈 때에 악수를 한다. 독일인들은 오직 한 번만 손을 잡고 억세게 악수한다. 일부 아프리카 사람들은 매번 악수를 한 다음 자유를 뜻하기 위해 손가락을 딱하고 소리나게 꺾는다. 그렇지만 다른 사람들은 악수를 나쁜 취미라고 여긴다. 어떤 상황이든 자기 고유의 악수가 마음에 들 것이라는 가정을 하기 전에 그 지역의 습관을 알아내도록 한다. 미국에서 전형적인 남성의 굳은 악수는 아마도 인디언 레슬링과 같은 힘의 경쟁에서 비롯되었다.

많은 사람들은 스스로를 악수로 성격과 태도를 분석하는 전문가라고 생각한다. 어쩌면 땀이 나는 손바닥은 대개 초조를 나타내기 때문일 것이다. 흐늘흐늘하거나 '죽은 물고기' 같은 악수도 비록 여기서는 경감 사유가 있다 해도 똑같이 인기가 없다. 많은 운동가들은 악수를 할때 지나치게 조심스럽게 힘을 조절하고 따라서 압력을 거의 사용하지 않는다. 음악가와 외과 의사들처럼 숙련된 예술인들은 손과 깊은 관계가 있으므로 이를 보호하기 위해 방어적인 수단을 강구할 것이다. 그러나 적어도 미국에서는 흐늘흐늘한 악수에 대해 막연하게 비미국적인 악수라 여긴다.

전형적인 미국인의 악수는 우리가 정치가의 악수라고 부른다. 들개 포획인에서부터 대통령까지 다양한 공직에 입후보하는 사람들은 선거 운동 기간에 이것을 이용한다. 흔히 있는 형태는 오른손으로 상대방의 손을 쥐고 왼손으로 그것을 감싸는 것(그림 11)이다. 왼손으로 상대방의 오른쪽 팔뚝이나 오른쪽 어깨를 붙잡으면서 오른손으로 악수하는 것도 거의 똑같이 인기가 있다. 두 친한 친구가 이런 식으로 인사하는 것은 받아들일 수 있다. 그러나 대부분의 사람들은 친밀하게 알지 못하는 누군가가 이러한 방식으로 악수를 해오면 아주 불편하게 느낀다. 그들은 이 제스처를 불성실하고 거짓으로 비위를 맞추는 것으로 보는 경향이 있다. 그럼에도 불구하고 많은 정치인들은 고집스럽게 이러한 제스처를 이용한다.

비언어적인 커뮤니케이션에 완전히 접해보지 않은 사람들은 오직 상대의 얼굴 표정이나 걸음걸이 또는 악수를 하는 방식만으로 즉각 다른 사람에 대해 성급한 결론을 내리기 쉽다. 판단을 유보하도록. 그리고 태도와 제스처 그룹을 알면 얼마나 더 많은 것을 배울 수 있는지 보자.

감정의 변화와 방향

"옷은 나의 다양한 자아를 모두 굳게 지켜지게 하며 그렇지 않다면 조화되지 않는 이 모든 심리적인 현상의 집합체들이 한 사람으로서 행세할 수 있게 한다."
—— 로건 페어샐 스미스의 「더욱 하찮은 일들」에서

몇몇 개별적인 제스처들을 조사했으니 이제는 태도와 태도의 제스처 그룹들을 검토해 보자. 우리는 가능하면 태도를 솔직과 방어, 평가와 의혹 등등 대조를 이루는 쌍으로 배열하려 애썼다. 좀처럼 하나의 그룹을 구성하는 제스처를 모두 볼 수는 없다. 그러나 몇 가지만 관찰하면 상대방이 그 순간에 어떤 태도를 갖고 있는가를 짐작할 수 있다. 또한 대비되는 태도를 봄으로써 어떤 감정의 변동과 이를테면 솔직한 태도에서 방어적인 태도로 변하는 방향을 바르게 판단할 수 있다. 그리고 또한 우리는 중복되는 태도의 자세들이 많기 때문에 방어와 의혹, 준비와 협력, 신속과 협동, 신뢰와 자제에서처럼 유사점과 차이점을 보이기 위해 모든 부차적인 태도들이 그 이전의 한쌍 중에 하나와 비슷하도록 분류했다.

거의 예외없이 사람들은 아주 솔직하게 말을 사용하지 않으면서 마음속의 느낌을 전달한다. 만일 말에 의한 진술이 제스처를 통해 드러난 감정과 태도와 일치한다면 아마도 진실을 말하고 있는 것이다. 말에 의한 커뮤니케이션과 개별적인 제스처와 제스처 그룹 사이의 일치를 찾아 보도록. 그럴수 있는 능력이 일과 사회 관계에 대한 일상적인 판단에 아주 좋은 도움이 될 것이다.

솔직

> "전혀 나쁜 의도가 없는 청년은 아무것도 고의가 아니라고 믿으므로 솔직하고 공정하게 행동한다. 그러나 그의 부친은 사기 때문에 손해를 입었었기 때문에 의심해야 하고 자주 그것에 가담하고 싶은 유혹을 받는다."
> —— 사무엘 존슨의 「라셀라스」에서

사람들이 제스처를 자세히 관찰함으로써 잠재의식까지 철저하게 읽겠다는 생각을 하게되자 가장 많이 하는 질문은 "누가 거짓말을 하고 있을 때는 어떻게 분간할 수 있는가?"이다. 텔레비전의 프로그램 '사실대로 말하기'는 제스처에 대한 의식을 응용해 사실을 말하는 사람과 거짓말쟁이를 구별하는 능력을 시험하기 위한 실험 시간 역할을 할 수 있다.

그 프로그램은 심사원들의 질문을 받은 세 명의 그룹을 소개한다. 그들 중 두 사람은 거짓말을 하면서 진짜 정체를 숨기려 할 것이고 한 사람은 사실을 말한다. 그들의 포즈와 얼굴 표정 및 다른 몸짓들을 관찰하여 이것을 그들이 하는 말과 조화시키면 얼버무리며 거짓말하는 사람을 분간해 내는 능력을 강화시킬 수 있다.

비밀주의와 방어 자세나 은폐를 나타내는 거짓말쟁이들이 사용하는 제스처와 제스처 그룹들은 다음 장들에서 다루어진다. 이러한 것

감정의 변화와 방향 49

그림 12. 진실을 알리는 벌린 손   그림 13. "내가 어떻게 하면 좋겠나?"

들을 솔직한 제스처와 구별하면 진실되지 못한 사람을 알아보는 데 도움이 될 것이다.

솔직한 제스처 집단에 속하는 제스처들이 많은데 일부를 여기 소개한다.

손을 벌리는 제스처(그림 12).

대부분의 사람들이 즉각 성실과 솔직과 관련시키는 제스처는 벌린 손이다. 이탈리아 사람들은 손을 벌리는 제스처를 거리낌없이 사용한다. 그들은 좌절이 명백할 때 양손을 벌려 가슴에 얹고 "내가 어떻게 했으면 좋겠나?" 하는 몸짓을 한다. 어깨를 으쓱하는 제스처 또한 손바닥을 위로 향한 채로 벌린 손이 따른다(그림 13). 연기자들은 감정을 표현하기 위해서 뿐만이 아니라 말하기도 전에 등장 인물의 솔직한 성격을 나타내기 위해 많은 표현 방식으로 이 제스처를 이용한다. 자신이 성취한 것을 자랑스러워하는 어린이들을 지켜보자. 그들은 공공연하게 손을 보인다. 그러나 그들은 어떤 상황에 대해 죄책감이나 의심을 느낄 때면 호주머니 속이나 등 뒤로 손을 감춘다.

상의 단추를 끄르는 제스처.
당신에게 솔직하거나 우호적인 사람들은 자기 상의 단추를 풀거나 심지어는 면전에서 벗기까지 한다. 데이빗 프로스트는 자신이 맡은 텔레비전 인터뷰 프로그램에서 초대객을 맞을 때 어김없이 웃옷의 단추를 끄른다. 우리는 자마이카에서 있었던 세미나에서 다음과 같은 얘기를 들었다.

"업무 협의에서 사람들이 웃옷을 벗기 시작할 때는 여기서 그들이 어떤 협정이 가능하다는 것을 전달하는 중입니다. 아무리 덥다 해도 사업가는 해결이나 협정이 이루어지고 있다고 느끼지 않을 때면 웃옷을 벗지 않을 겁니다."

다른 태도들과 마찬가지로 솔직한 태도는 다른 사람들에게 비슷한 감정을 유발시킨다.

찰스 다윈은 동물들이 뒤로 드러누워 상대에게 부드러운 하체와 목을 노출시킬 때 일종의 솔직함인 복종을 전달하는 모습을 자주 관찰했다고 쓰면서 이러한 상호작용에 대해 언급했다. 그는 이러한 상황에서는 가장 적의를 지닌 동물조차도 피정복자의 약점을 이용하지 않는 점에 주목했다.

동물의 학습과 커뮤니케이션 과정을 전공한 비교심리학자 리안 스미스 박사 또한 '드러누워 목을 노출시키는 것은 늑대를 포함한 다른 개과의 동물들 사이에서 복종의 태도이며 신호'라고 언급했다. 스미스 박사는 야생 늑대의 수컷에게 이것을 실험해 보았다. 스미스는 "그 동물이 위협적으로 으르렁거릴 때 누워서 목을 드러냈다. 늑대는 전형적인 개과 동물의 애무로 내 목을 이빨로 건드렸다. 물리지는 않았지만 나는 무서워서 거의 죽을 지경이었다."

비디오 테이프에 녹화된 대면들을 분석하면서 우리는 상의의 단추를 잠근 채로 있는 사람들보다 단추를 푼 사람들 사이에서 합의에 도달하는 경우가 더 빈번함을 깨달았다. 방어적인 자세로 가슴에 팔짱을 낀 많은 사람들 또한 옷의 단추를 채울 것이다. 막 호의적으로 마음을 바꾼 사람이라면 팔짱을 풀고 본능적으로 웃옷의 단추를 열지 모른다. 상대방을 이러한 자세로 유지하게 하면 아마도 공동의 목표에 좀더 쉽게 도달될 것이다.

협상이 잘 진행되고 있을 때마다 우리는 무수히 '모이는' 제스처 그룹을 기록해 왔다. 그것은 자리에 앉은 사람들이 각각 상의의 단추를 끄르고 다리를 포개지 않은 채로 반대자들과 분리해놓는 책상이나 탁자에 좀더 가깝게 의자 끝으로 다가앉는 제스처들이다. 이 제스처 그룹은 대부분의 경우에서 가능한 합의나 해결 또는 일반적으로 양쪽의 필요성을 위한 협력의 긍정적인 표현을 전달하는 '말에 의한 언어'를 동반한다.

한 신혼 주부는 남편쪽 가족이 베푼 파티에서 가족과 가족이 아닌 참석자들을 구별하기가 아주 힘들다는 것을 깨달았다. 그녀는 비언어적인 커뮤니케이션을 보도록 노력하라는 말을 들었다. 그리고 나서 그녀는 각자를 친구나 친척으로 식별하라는 요청을 받았다. 그녀는 단순히 누가 상의를 벗었는가 또는 단추를 끌렀는가에 주목해 열번의 시도에서 여덟번은 올바른 선택을 했다. 그녀가 틀리게 짐작한 두

그림 14. 팔짱을 낀 방어적인 자세

사람은 20년 넘게 (상의 단추를 푼) 그 가족의 행사에 참석해 온 오래된 친구와 좀처럼 그러한 행사에 참석하지 않고 대체로 '고독을 사랑하는 사람'인 (상의 단추를 채운) 친척이었다.

방어

'방어이자 반항의 태도'
── 토마스 길레스피의 「산더미 같은 폭풍우」에서

맹공격의 위협에 대해 몸이나 감정을 지키는 제스처는 솔직함을 나타내는 것과 좋은 대조가 된다. 솔직히 잘못 다루어지면 쉽사리 방어가 될 수 있다.

가슴에 팔짱을 끼는 제스처.
 야구팬이라면 누구나 심판이 팀 감독이 인정하지 않는 판정을 내릴 때면 어떤 일이 생길 것인가를 정확히 안다. 감독은 양팔을 흔들거나 또는 아마도 주먹을 쥔 두 손을 바지 뒷주머니 속에 깊숙이 찔러넣고 심판을 향해 구장으로 달려나간다. 심판은 그러한 감독을 보고 방어적인 태도로 팔짱을 낀다(그림 14). (본루 심판은 예외이다. 그는 가슴에 팔짱을 끼지 않는다. 이미 가슴받이를 하고 있으니까 말이다.) 감독이 앞에 다가왔을 때쯤에 심판은 분명히 자신의 결정을 옹호할 준비가 되어 있음을 전했고 감독은 헛되이 의견을 주장한다. 심판은 방어적인 제스처 그룹의 일부로서 감독에게 '지나치게 떠들었다'는 신호를 보내면서 등을 돌릴지 모른다.
 팔짱을 끼는 자세는 일상 생활에서 흔히 일어나며 다윈의 말에 따르면 방어적인 태도를 전달하기 위해 전세계적으로 사용되는 듯하다. 교사들은 특별히 동료들의 모임에서 그것을 사용하고 의사들은 다른 의사들과 함께일 때 그것을 사용하는 경향이 있다. 아주 어린 아이들은 부모의 지시에 반항할 때 팔짱을 낄 것이고 아주 나이 많은 이들은 말할 수 있는 권리를 지키고 있을 때 팔짱을 낄 것이다. 그것은 예상되는 공격에 대한 방어이거나 당사자가 차라리 움직이지 않겠다는 고정된 자세의 역할을 한다.
 우리가 연구한 모든 척도들 중에서 이 제스처는 가장 쉽게 이해되고 가끔은 비언어적인 척도로 가장 덜 인식되는 경향이 있다. 또한 이것은 다른 사람들의 행동에 영향을 미치는 제스처이기 쉽다. 4명

그림 15. 방어적인 자세를 더욱 강화하는 주먹

이상이 속한 그룹에서는 방어적인 자세로 팔짱을 낌으로써 그룹 전체에 영향을 미칠 수 있다. 얘기를 들을 때 뿐만이 아니라 말을 할 때도 이 제스처를 취하고 그룹의 다른 멤버들이 얼마나 빨리 당신의 지시에 따르는지에 주목해 보도록. 일단 두 사람이 고정된 자세를 취했고 취하고 있는 중이면 다른 멤버들도 영향을 받는다. 그룹을 소집단으로 분할하거나 솔직한 커뮤니케이션을 얻기 위해 각자가 뒤바꾸기 힘든 자세를 취하도록 하기는 아주 쉽다는 사실을 발견할 것이다.

협상에 대한 우리의 비디오 테이프 녹화에서 팔짱을 끼는 제스처는 상당히 흔하다. 불행히도 많은 사람들은 반대자가 팔짱을 낄 때는 방어적이 되었다는 것을 신호로 알리는 중임을 모르고 있다. 비디오

그림 16. 팔을 꽉 붙잡은 방어적인 자세

테이프를 볼 때야 비로소 참가자는 자신의 실수를 깨닫는다. 관련이 되고 요구가 무엇인가를 알아냄으로써 반대자의 느낌을 끌어내는 대신에 훈련받는 사람은 반대자로 하여금 우선 방어적이 되게 하는 똑같은 이야기를 계속했었다.

  사람들은 종종 '흥미를 끌게'하고 싶은 사람을 아주 효과적으로 계속 '흥미를 잃게'하고 있다. 반대자가 팔짱을 끼고 있다고 관찰되면 무엇이든 그 사람에게 하고 있는 말이나 행동을 재고해야 한다. 그 사람은 강력하게 자신이 그 대화로부터 물러났음을 전달하고 있는 중이다. 실패한 협상 비디오 녹화에 대한 사후 토의에서는 아주

그림 17. 여성적으로 팔짱을 끼는 제스처

빈번하게 어떤 요구나 요청이나 제안이 한번에 또는 상대방으로 하여금 방어적이 되게 하는 방식으로 이루어졌음이 밝혀진다. 이 시점부터는 양보나 합의나 그밖에 다른 형태의 협동이 이루어지기가 더욱 힘들어진다. 초기에 의견 차이나 곤란이나 불만의 신호를 알아차리지 못하면 대개 좀더 복잡한 상황이 되어서 어떤 문제에 대한 합의가 거의 힘들다는 것이 증명될 것이다.

상대방이 방어적인지 또는(어떤 논쟁에서처럼) 편안한 자세를 취하고 있는지 궁금한 상황에 있다면 손에 주목해 본다. 손이 편안한가 아니면 주먹을 쥔 것 같은가?(그림 15). 손가락은 관절이 하얗게 될

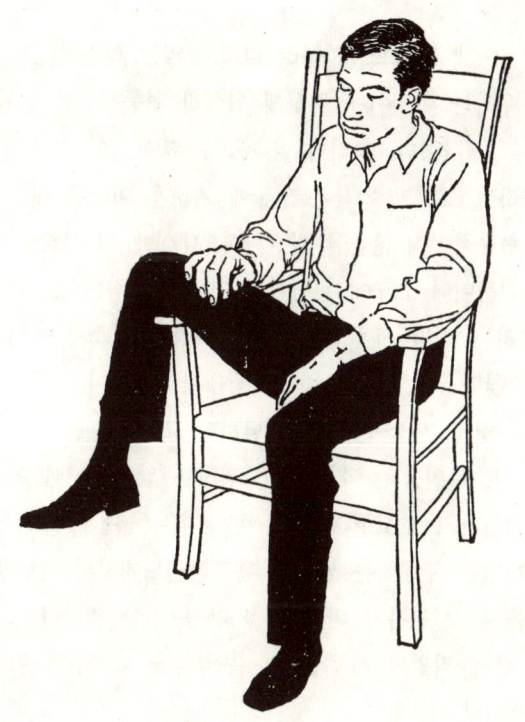

그림 18. 의자 팔걸이에 한 다리를 걸친 무관심 또는 그 이하의 제스처

정도로 이두박근을 조이듯 감싸고 있는가?(그림 16). 이처럼 방어적이고 보호적인 자세들은 어쩌다 비행기로 여행하는 불안한 사람이 이륙할 때 긴장된 손으로 좌석의 팔걸이를 움켜쥐는 것과 같다.

여자들은 남자와 다른 상체 구조를 갖고 있어서 상당히 좀더 몸 아래쪽에서 팔짱을 낀다(그림 17). 사춘기에 접어드는 소녀들은 좀더 나이든 소녀들 보다 훨씬 더 자주 이 방어적이고 보호적인 자세를 취한다.

의자 팔걸이에 한 다리를 올려 걸치고 앉는 제스처(그림 18).

처음에 우리는 이것이 솔직하게 확실한 협동정신을 전달하는 편안한 자세라고 생각했다. 그러나 곧 우리는 겉보기에 마음 편한 자세임에도 불구하고 그리고 가끔은 얼굴에 가벼운 미소를 짓고 있다 해도 당사자가 협동적이지 않음을 발견한다. 대신에 그 사람은 일반적으로 상대방의 기분이나 요구에 관심이 없거나 적대적이다.

또한 우리는 헨리 시돈스의 저서 「과장된 제스처」에서 유사한 몸의 자세를 찾아냈다. 시돈스는 그 책에서 바로 이 자세로 앉아 있는 1832년대의 영국 지방 신사를 '냉담하다'고 평한다.

항공사 여승무원들은 이 자세를 취하는 남자 승객들이 종종 관련을 짓기 힘들다고 보고했다. 많은 판매자와 구매자의 관계에서 사무실에 앉아 있는 구매자는 말없이 홈그라운드에서의 만남에서 우위성이나 영역권을 선언하기 위해 이 자세를 취할 것이다. 그리고 많은 사장들이 부하 직원의 사무실에서 우익임을 보여주기 위해 이 자세를 취할 것이다.

의자 등이 방패 역할을 하도록 앉는 제스처(그림 19).

이 자세와 책상 위에 두 다리를 올려놓는 자세는 엄밀히 방금 위에서 설명한 자세와 비슷하다. 이 자세들은 거의 상급자와 부하의 상황에서 일어난다. 겉으로 보기에 반대자가 격식을 차리지 않는 협동적인 자세를 취한다해도 반드시 거친 상대가 아니라는 사실을 다시금 경고한다. 그 사람은 우위나 공격을 나타내려는 중이다.

그림 19. 또다른 뻐기는 자세인 양다리를 벌리고 의자에 걸터 앉는 제스처

다리를 포개는 제스처.

어떤 유럽 국가에서든 길거리의 야외 카페 옆을 한가롭게 거닐게 된다면 아마도 다리를 포개는 모양으로 간단하게 미국인 남자 여행자를 골라낼 수 있을 것이다. 유럽 남자들은 한 다리를 다른 다리 위에 포갠다. 미국 남성은 버드휘스텔이 '4자 모양'이라고 묘사한 것

그림 20. 유럽식으로 다리를 포개는 풍습과 미국적인 4자모양의 자세

을 이용하는데 한 다리를 다른 다리의 무릎 위에 발목을 수평으로 올려놓고 포개는 것이다(그림 20). 분명히 이것은 미국식의 앉는 자세이고 많은 미국 여성들까지도 헐렁한 스포츠 바지를 입은 때는 이 자세를 택한다.

최근 세미나에 참석한 한 사람은 유럽에서 태어나고 교육을 받은 아내가 '4자 모양'의 자세로 앉는다고 자신을 끊임없이 헐뜯는다고 말했다. 그녀는 종종 "신사처럼 앉을 수 없어요?"라고 물으면 그 말에 그는 "그렇게 앉아 있는 중이야!"라고 응수했다고 한다. 세미나에 참석해서야 비로소 그에게 아내가 한 불평의 의미가 분명해졌다. 그녀가 한 질문은 "어째서 유럽 신사처럼 앉지 않는가?"란 의미였다.(우리는 영국 맨체스터에 있는 한 영국 회사에서 세미나를 주최했다. 프로그램이 진행되는 동안 한 번이라도 '4자 모양'의 자세로 앉은 사람은 83명의 경영 간부 가운데 오직 두 명뿐이었다.)

2차 세계대전 중에 독일 정보부에서 근무했던 또다른 세미나 참석자는 유럽식으로 식사하도록 신중한 훈련을 받았음에도 불구하고 오른손에 포크를 들고 먹다가 잡힌 미국 정보원들의 숫자에 대해 언급했다. 우리는 만일 독일 정보부가 4자 모양의 자세를 찾았다면 잡힌 숫자가 두 배로 늘어날 수 있었음을 알았다. 한쪽 또는 양쪽의 반대자가 모두 이러한 자세로 다리를 포갠 2천 건 이상의 녹화된 대결 중에서 거의 모든 경우가 그 자세는 대결이 대단히 경쟁적인 단계에 도달했다고 알리는 신호라는 것을 보여준다.

런던에 있는 한 친구는 미국에서 교육을 받은 훌륭한 체스 기사인데 시합이 불확실할 때는 변함없이 4자 모양의 자세를 취한다고 종종 말했었다. 그는 그것이 체스 기사가 취하기에는 바보스러운 자세라고 동의한다. 체스를 둘 차례가 될 때마다 다리를 풀고 몸을 앞으로 내밀어야 하기 때문이다. 그러나 그는 시합이 더이상 불확실하지 않고 승리가 확실하게 느껴질 때는 두 발을 모두 바닥에 둔다고 덧붙인다.

우리는 문제가 제시되거나 논의될 때 또는 열띤 논쟁이 일어나고

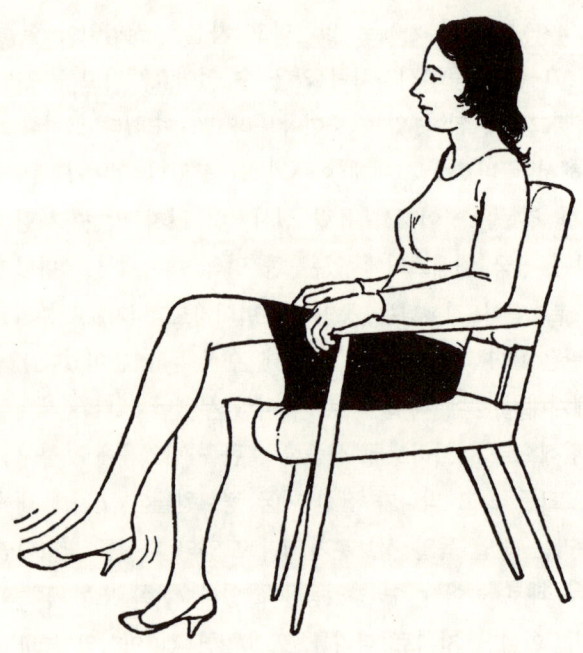

그림 21. 권태 또는 조바심

있을 때는 협상의 단계에서 한쪽이나 양쪽의 교섭자들이 모두 한 다리를 다른 다리 위에 올리거나 혹은 미국식의 4자 모양으로 다리를 포개는 모습을 자주 관찰했다. 우리는 양쪽의 교섭자들이 다리를 풀고 서로에게 다가갔을 때 해결에 도달하는 협상의 숫자가 크게 증가했음을 알았다. 그러한 대결을 녹화한 것 중에서 교섭자의 한쪽이라도 여전히 다리를 포갠 경우에는 한 번도 해결에 도달한 적이 없었다.

다리를 포개는 사람들은 가장 경쟁적이고 지대한 관심을 필요로 하는 사람들인 듯하다. 좀더 확인하기 위해 우리는 무수한 세일즈맨들과 다리를 포개고 몸을 젖히는 자세를 토론했다. 모두 그러한 자세를 취한 고객 가망자와 계약 체결을 할 수는 없었다고 기억한다. 발을 포개고 팔짱을 낀 자세가 결합된다면 정말로 적을 만난 것이다.

여성이 발을 포개고 가볍게 차는 동작으로 움직인다면 아마도 비행기가 출발하거나 늦는 남편을 기다리거나 또는 재미없는 이야기를 듣고 있는 등등의 상황에 지루해 있는 경우이다.(그림 21).

평가

> "교실에서 어떤 학생이 당면한 문제에 정말로 몰두할 때는 어깻죽지를 내려뜨리고 양발을 벌린 채 머리를 헝클어뜨리면서 몇 번이고 안 하던 행동들을 할 것이다. 그 일시적인 발작에서 풀려나게 놓아두면 학생은 정신을 차리고 옷을 다시 정리한 후에 다시 사회 생활에 어울리게 된다."
> ── C. H. 울버트의 「관객」에서

가장 많이 오해되는 제스처 가운데 일부는 깊은 생각에 잠기거나 심사숙고하는 것들로 우리가 '평가 제스처'라고 부르는 것들이다. 일과 사회생활 효과의 대부분은 통신에 의존하므로 자신의 메시지가 얼마나 잘 받아들여졌는가를 알고 싶어하는 사람에게는 피드백 정보에 대한 지식과 평가가 아주 중요하다. 어떤 아이디어나 생산품 또는 서비스를 받아들이기 전의 평가 과정에 대한 연구는 거의 실시돼 오지 않았다. 그러나 세일즈맨, 교사, 간호사, 경영 간부, 변호사, 그리고 많은 다른 사람들이 분명히 평가하고 있는 중임을 나타내는 제스처들에 대한 자료는 상당히 많이 축적되어 있다. 명확하게 알기 위해 교실의 상황을 살펴보자.

수학 교사인 클라크 부인은 그 과목의 절대적인 측면들을 설명하고 있다. 그녀는 프레드가 바닥에 양발을 딱붙이고 긴장하여 몸을 곧추세우고 눈을 전혀 깜박이지 않고 자신을 뚫어지게 응시하고 있음에 주목한다. 그녀는 프레드에게서 의미심장한 몸짓을 전혀 알아차리지 못한다. 프레드가 강의에 귀를 기울이면서 클라크 선생이 하고 있는 말을 평가하고 있다고 생각되는가? 그가 관심이 있다고 생각한다면 틀렸다. 이 자세에 익숙하지 않은 젊은 교사라면 속을지 모르나 좀더 경험있는 교육자라면 그렇지 않을 것이다. 프레드는 선생님에게 흥미를 잃고 자신이 '열심히 듣고 있다'고 확신시키기 위한 은폐 테크닉을 이용하고 있는 중이다.

클라크 선생은 프레드의 비몽사몽을 무시하고 찰스쪽을 향한다. 찰스는 몸을 앞으로 내밀고 의자 끄트머리에 앉아 있다. 그리고 약간 기울어진 머리를 한 손으로 받치고 있다. 클라크 선생은 찰스가 관심이 있다고 판단한다면 옳을 것이다.

뺨에 손을 대고 있는 제스처(그림 22).

프랑스의 위대한 조각가 로댕은 '생각하는 사람'을 창조했을 때 '제스처에 의한 언어'에 대해 깊은 통찰력을 보여주었다. 그 조각이 어떤 문제의 해결에 완전히 몰두해 있는 사람이라는 것을 의심할 사람은 아무도 없다. 갑자기 한 손을 뺨에 댄 로댕의 '생각하는 사람'과 비슷한 포즈를 취하는 사람들은 일종의 명상에 잠겨있는 것이다. 가끔은 가볍게 눈을 깜박이면서. 계단에 앉아 어른들을 내려다보는 어린이는 노소를 막론하고 많은 사람들이 보도 가장자리의 연석에

감정의 변화와 방향 65

그림 22. 평가 제스처

앉아 퍼레이드를 구경할 때처럼 이 자세를 취한다.

경영진에게 시청각 교재를 사용해 브리핑을 하는 어떤 친구는 이 관심있고 주의깊은 자세를 인정했다. 그는 방 뒤에 서 있을 때 의자에 깊숙이 앉아 다리를 포개고 팔짱을 끼거나 회면스크부디 몸을 돌리고 있는 사람들과는 반대로 한 손이나 양손을 머리에 대고 몸을 앞으로 내밀고 있는 간부들의 숫자로 브리핑이 얼마나 잘 이루어지고 있는가를 판단할 수 있다고 한다.

이따금 사람은 우리가 '비판적인 평가 집단'이라고 부르는 자세(그림 23)를 취한다. 손을 얼굴로 가져가 손바닥으로 아래턱을 받치고 검지손가락을 뺨으로 뻗는 자세로 나머지 손가락들은 입 밑에 둔다.

뺨에 손을 대는 이 제스처가 상대방에게서 후퇴하는 몸짓과 결합

그림 23. 비평적인 평가

될 때는 사고 패턴이 비평적이거나 냉소적이고 또는 어떤 다른 방식으로 설득을 시도하고 있는 사람에게 부정적인 것이다.

 세미나를 할 때 우리가 그 그룹이 얼마나 까다로울 것인가를 결정하기 위해 찾는 첫 제스처 중의 하나는 이러한 형태의 뺨에 손을 대는 자세들이다. 예를 들어 특별히 비언어적인 커뮤니케이션을 설명할 때의 첫 15분 동안에 50명의 경영 간부가 참석한다면 적어도 30명은 일종의 뺨에 손을 대는 자세로 앉아 있을 것이다. 이 숫자 가운데 약 반수는 들리는 이야기에 대단히 관심이 있어 몸을 약간 앞으로 내밀 것이다. 나머지 반은 좀더 관망하는 태도를 취해 들리는 이야기에 대해 약간 회의적으로 몸을 뒤로 젖힐 것이다. 나머지 20명은 대충('보여줘 봐'라는 식으로) 팔짱을 낀 채 앉아 있는 사람들과, ("좋았어! 어디 한번 보자"라는 식으로) 팔꿈치를 허벅지에 얹고 손을 축 늘어뜨린 채로 의자 끄트머리에 걸터앉아 있는 사람들로 나뉘어질 것이다. 우리가 할 일은 평가를 관심으로 바뀌게 하는 것이다.

고개를 갸웃하는 제스처.
찰스 다윈은 초기 연구에서 인간뿐만 아니라 동물도 무언가 관심을 갖게 하는 소리를 들을 때마다 고개를 약간 위로 젖히는 경향이 있음에 주목했다. 여자들은 아주 어릴 때부터 본능적으로 이 제스처의 의미를 이해한다. 그것은 열심히 듣고 있다는 인상을 준다. 여자들은 강한 인상을 주고 싶은 남성과 대화할 때 의식적으로 그것을 이용하는데 실제로 성공한다.

우리는 세미나에서 대부분의 참가자들이 고개를 갸웃하지 않고 있으면 대체로 그 모임이 우리의 자료들에 흥미를 느끼지 않았다고 생각한다. 연사가 일단 이 제스처를 의식하면 좀더 긍정적인 태도로 청중과 관계를 맺을 수 있고 자신의 정보가 얼마나 잘 먹혀들어가고 있는가를 가늠할 수 있다. 이것은 특별히 연사가 아주 짧은 시간내에 상당한 자료를 망라하고 싶을 때 도움이 될 수 있다.

전기 회로가 지나치게 충전될 때는 회로가 능력 이상의 에너지를 받아들이지 않도록 차단기가 작동한다. 사람들도 가끔 지나친 정보 주입에 대해 똑같이 행동한다. 그들은 추가 자료에 대한 무관심을 몸짓으로 나타낸다. 그 제스처 그룹은 다양하다.

고개는 비스듬히 기울여지기보다 곤두세워지고 등은 곧게 펴졌다가 곧 앞으로 구부려진다. 그리고 천정이나 시계나 다른 사람들을 힐

끗힐끗 보다가 마침내 일부는 출구를 향하는 자세를 취하기 시작할 것이다. 만일 모임이 이 단계에 이르렀다면 연사는 그들이 말없이 '그만'이라는 신호를 보내고 있음을 이해해야 한다.

아래턱을 쓰다듬는(사고 및 평가의) 제스처(그림 24)

전세계적인 듯한 이 "어디 생각해 보자"는 제스처는 사람들이 결정을 내리는 과정을 거칠 때 보이는 제스처이다. 아마 모든 서부 영화에서 구레나룻이 난 변경지대의 의사가 아래턱을 쓰다듬으면서 "사령관님, 그게 달톤 사람들을 다루는 최선의 방법일까요?"라고 말하는 장면이 나왔을 것이다. 뮤지컬 「지붕위의 바이올린」에서 테비는 무언가 중요한 것을 곰곰이 생각할 때마다 언제나 똑같이 턱수염을 쓰다듬는다. 다윈은 명상의 제스처들에 대해 언급하면서 전세계적으로 다양한 사람들이 "이따금 턱수염을 잡아당기고 대개는 엄지와 검지 손가락을 얼굴의 어떤 부분에 대고 있는데 보통은 윗입술이다"라고 보고했다. 헨리 시돈스의 「과장된 제스처」에는 "이 제스처는 현명한 사람이 판단을 내리고 있음을 나타낸다"고 서술돼 있다.

특별히 셰익스피어의 연극에서는 무대에 선 배우가 이 행위를 신중한 조사나 분석을 전달하는 말과 조화되게 연기하는 것을 볼 수 있다. 체스 게임을 보면 다음 수를 놓도록 요구된 기사에게서 자주 이 제스처를 발견할 수 있다. 결정이 내려진 후에는 어루만지는 움직임이 중단되는데 단지 기사가 손을 사용해야 하기 때문만은 아니다. 많은 실업가들도(비록 일부는 아주 가볍게 어루만지는 동작을 취해 숨기려 하기도 하지만) 이 제스처를 사용한다.

이 제스처와 조화되는 얼굴 표정은 마치 멀리서 문제에 대한 해답

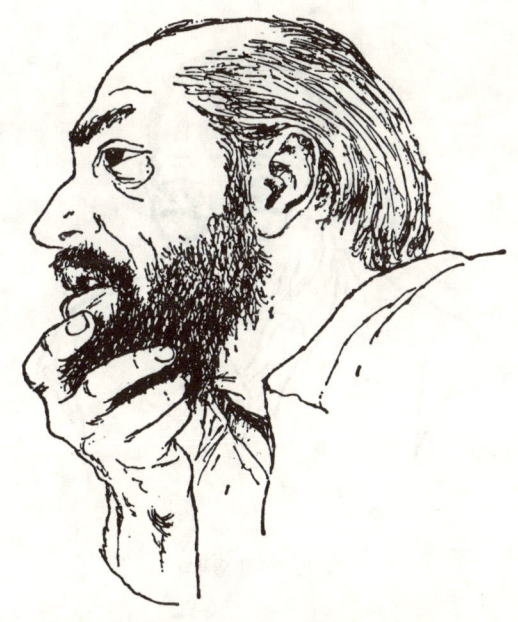

그림 24. 아래턱을 쓰다듬는 평가 제스처

을 보려는 것처럼 눈을 약간 가늘게 뜨는 것이다.

안경을 쓴 사람의 제스처

다른 사람에게서 부정적인 감정의 반응을 불러 일으키는 평가 제스처는 안경을 콧마루 밑으로 내리고 안경 너머로 뚫어지게 보는 것이다(그림 25). 그럴 때 상대방은 자신이 면밀히 조사되면서 무시되고 있다는 느낌을 받는다. 글을 읽기 위한 목적으로 일명 돋보기 안경이라 부르는 둥근 금테 안경을 쓰는 많은 경영 간부들은 특별히 무심코 부하에게 이러한 느낌을 받게 한다. 이런 제스처가 우연히도

그림 25. "다시 말해봐."

자신의 특징 가운데 하나라면 부정적인 측면들을 깨달아야 한다. 더 좋은 방법은 잠시 그렇게 하지 않도록 애쓰면서 우호적인 반응을 얻는가 확인하는 것이다.

  다음은 우리가 지연이나 생각하기 위해 꾸물거리는 제스처라고 부르는 것이다. 아주 흔한 종류로 천천히 의도적으로 안경을 벗고 필요 없는데도 불구하고 조심스럽게 렌즈를 닦는 행동이 있다. 어떤 사람들은 한 시간에 네다섯 차례씩 이 의식을 수행한다. 우리는 협상의 대결에서 수 차례 그 제스처를 비디오로 녹화해 왔다. 대부분의 경우에서는 그러한 사람이 반대를 남보다 더 제기하거나 해명을 요구하며, 문제를 제기하기 전에 자신이 처한 상황을 곰곰이 생각하기 위한 시간을 벌기 위해 교묘하게 지연시키거나 핑계를 대고 싶어했다.

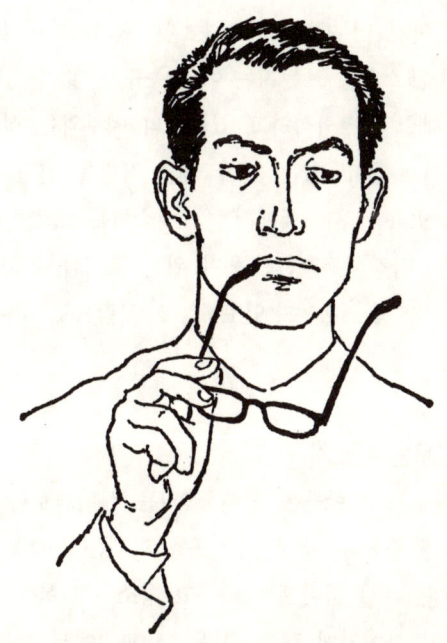

그림 26. 평가하기 위한 시간을 버는 제스처

 시간을 벌기 위한 유사한 제스처는 안경을 벗어들고 안경테의 귀걸이를 입에 무는 것이다(그림 26). 사람들은 입에 물건을 문 채로는 그다지 잘 이야기할 수 없으므로 더 열심히 귀를 기울이거나 무엇이든 우선 생각해 보고 싶을 때에 이야기하는 것을 피할 수 있다. 또한 입에 물건을 집어넣는 것은 그 사람이 아마도 좀더 많은 정보 형태의 양식을 찾고 있음을 의미한다.
 안경이 사용되는 제스처 그룹의 또다른 제스처는 재빨리 또는 아주 크게 강조하면서 안경을 벗어 테이블 위로 던지는 것이다. 우리가 아는 한 교섭자는 항상 이런 방식으로 감정 폭발을 신호한다. 얼마나 많은 사람들이 "이건 너무하는군" 또는 "아 잠깐만"이라는 표현으로서 의식적으로 이 제스처를 쓰는지는 아마 누구도 알 수 없을 것이다.

그러나 이 제스처를 의식하고 있는지의 여부와는 상관없이 대부분의 사람들은 현재 듣고 있는 말에 대한 저항을 전달하고 있는 중이다. 그러므로 또다른 사람에게서 이 제스처를 발견한다면 접근법을 바꾸어야 한다. 감정의 긴장을 풀기 위한 조치를 취하도록 한다. 두 사람 다 다른 대안을 '볼 수 있도록' 그 사람으로 하여금 다시 안경을 쓰게 하자.

파이프를 피우는 제스처

파이프를 피우는 사람들은 담배를 피는 사람들보다 반드시 그 흡연 의식에 더 열중한다. 결국 파이프를 피우는 사람은 더 많은 기능을 행해야 한다. 우선 파이프를 채우고 청소하고 톡톡 두드리고 쓰다듬고 계속 불이 붙어있게 해야 한다. 그 과정에서 그는 (교묘하게 생각하는 시간을 벌기 위해) 파이프를 비밀스런 신호용 악기처럼 사용하게 하는 스크래처(문지르는 기구)나 포인터(가리키는 것)나 북채 등등으로 사용할 수 있다.

'파이프를 피우는 사람들의 토스카니니'라고 불리는 친구가 있다. 그는 거장인 토스카니니가 NBC 교향악단을 지휘한 것처럼 파이프로 협상의 신호를 알린다. 상습적인 파이프 흡연가인 한 친구는 복잡한 일련의 파이프 신호를 고안해냈다. 그것들은 그의 팀에게 "입 닥치게", "좀더 자세히 듣게", "그 제안은 수상해", "가자"와 같은 지시들을 전달한다. 파이프를 사용하든 않든 말을 사용하지 않으면서 전달할 수 있는 신호들을 갖는 것은 팀 협상에서 상당한 도움이 된다.

종종 파이프 흡연가가 생각하거나 재고하기 위한 시간을 벌기 위해 싸우거나 작전을 짜고 있을 때 거치는 고의적인 몸의 움직임을 관찰할 수 있다. 우리는 상당수의 파이프 흡연가들이 엔지니어나 과학자이고 또는 추상적인 사고가 극히 중요한 다른 기술적인 분야에 관여하고 있음을 관찰했다. 그들은 담배를 피는 경향이 있는 사실위주의 사고가보다 결정에 상당히 더 많은 시간을 들인다.

업무상의 대결들을 비디오 테이프로 녹화하면 담배 흡연가와 파이프 흡연가 모두에게서 분명한 성격이 나타난다. 파이프 흡연가는 가능한 자신의 입장을 드러내지 않으면서 '고양이와 쥐'나 '술래잡기' 놀이를 하는 경향이 있다. 반면에 담배 흡연가의 태도는 일반적으로 "이것을 끝내고 다른 것으로 넘어 가자"이다.

파이프 흡연가들은 담배 흡연가들보다 더 인내심이 있고 보수적이라는 인상을 준다. 보통 담배 흡연가들은 행동할 준비가 된 단거리 선수처럼 보인다. (우리의 연구에 참가한 담배 흡연가와 파이프 흡연가의 비율은 10대 1이다. 압도적인 수의 사업가들이 추상적인 사고가이기보다 구체적인 사고가들인 경향이 있다는 사실을 고려하면 이 비율은 예외적인 것이 아니다.)

같은 보조로 천천히 걷는 제스처

미국인들은 서서 생각하는 것을 더 편안하게 느끼는 것 같다. 그들은 힘든 문제를 해결하거나 어려운 결정을 내릴 때 자주 이 버릇에 의지한다. 제스처로서 이것은 아주 긍정적인 것이다. 그러나 천천히 걷고 있는 사람에게 말을 걸면 안 된다. 그러면 생각의 방향을 잃게 해 그가 결정하려 애쓰는 것을 방해할지 모른다. 판매업에 종사

그림 27. "해답을 찾아내기 힘들어."

하는 대부분의 사람들은 물건을 살만한 고객이나 손님이 천천히 걸으면서 마지막 결정을 하고 있는 동안 홀로 있게 하는 것이 얼마나 중요한가를 이해한다. 그들은 그 사람이 반대나 문제를 제기하고 싶어한다면 그 침묵을 중단하게 한다. 많은 성공적인 협상이 한 사람이 혀를 깨물고 한 마디도 안 하는 동안 다른 사람은 결정을 내리면서 양탄자 위를 천천히 걷는 의식을 거치는 결과로써 생겼다.

콧등을 꼬집는 제스처(그림 27)

대개 감긴 눈이 동반되는 이 제스처는 내릴 결정에 대한 많은 생각과 염려를 전달한다. 혼자서 갈등하는 사람은 자신이 정말로 그처럼 곤경에 빠져있는지 또는 그저 악몽일 뿐인지를 시험하기 위해 머리를 숙이고 콧등을 꼬집을 수 있다. 우리가 아는 한 사업가는 이 제스처로 분명하게 자신의 곤혹을 신호로 알린다. 그가 그렇게 할 때면 우리는 단지 조용히 그가 현재 논의되고 있는 것에 대한 반대를 제기하기를 기다릴 뿐이다. 우리는 그를 설득해 이 상황에서 빠져나오도록 하려 하지 않는다. 대신 그의 기분을 인정하고 그가 의심을 표명하도록 기다린다.

우리 세미나에 참가했던 한 변호사는 아는 판사 하나가 대개 이 제스처로 사건에 대한 느낌을 신호한다고 말했다. 판사는 피고가 유죄라고 믿어지면 좀처럼 안경을 벗지 않았다. 그러나 그는 피고인이 무죄라고 믿어지면 공공연히 이 제스처를 사용하면서 가끔은 피고인의 죄에 대한 자신의 추측과 느낌과 싸우면서 몇 분씩 눈을 감고 있었다.

이 평가 집단으로부터 의혹과 비밀주의라는 다음 태도로 진행하기는 쉽다.

의혹과 비밀주의

"많은 현자들이 신비의 가슴과 투명한 표정을 갖고 있다."
—— 프란시스 베이컨

의혹이나 비밀주의를 암시하는 제스처는 가끔 'left-handed : 왼손잡이' 제스처라고 불린다. 이것은 '어색한' 배, '어색한' 칭찬 또는 '어색한' 밀월 여행에서처럼 '바람직하지 않음'을 의미하는 미국 속어를 반영한다.

흥미롭게도 수화에서 오른손 엄지를 치켜들면 '좋다'를 의미하지만 왼손 새끼손가락은 '나쁘다'를 의미한다. 이 특별한 커뮤니케이션 방식은 오른쪽(좋다)과 왼쪽(나쁘다)의 암시를 인정한다.

최근의 모임에서 한 동료는 우리와 다른 자신의 입장을 밝히기를 극도로 삼가하고 있었다. 우리가 예민한 부분인 듯한 문제에 접근할 때마다 그는 말하기 전이나 말하는 도중에 왼손을 들어올려 입을 가렸다. 이미 불편해 하는 그를 더이상 불편하게 하고 싶지 않았던 우리는 그가 자제를 잃고 자신의 기분을 얘기할지 모르는 질문을 했다. 마침내 그는 "그것에 대해 정말 그렇게 느끼는가?"란 질문을 받았을 때 "마음이 없다"고 밝히면서 다른 그러한 말투들을 사용했다. 그의 제스처는 우리의 목표에 대한 강한 반대에 입각한 것이었다. 그는 자신의 진정한 감정은 숨기고 우리의 아이디어를 따르려 했다. 우리가 진정으로 그가 전달하고 있는 것을 몰랐다면 결국 우리 모두에게 아주 불리함이 증명 되었을 해결책에 도달했을 것이다.

상대방이 원한다고 믿어지는 얘기를 하는 사람들이 많다. 나중에 그들은 진정한 감정을 드러내지 않았기 때문에 스스로 극도의 절망감을 느낀다. 그리고 그들은 결과적으로 종종 목표를 달성하기 위해 노력하기보다는 오히려 역행한다. 만일 어떤 사람이 상대방을 전혀 쳐다보지 않는 경향이 있다면 무언가를 숨기고 있을 가능성이 크다. 그러나 제스처 그룹의 부조화가 아마도 어떤 사람이 비밀주의임을 가장 잘 나타내는 것이다. 생글거리면서 방어적이고 호전적인 사람은 모순되고 아마도 피상적인 미소로 충격을 완화시키려는 중이다. 「햄릿」에서 세익스피어가 말했던 것처럼 "사람은 계속 미소를 지으면서도 악한일 수 있다." 비슷하게 비언어적인 훈련을 받지 않거나 의식적으로 그것에 접해보지 않은 사람들이라도 누군가가 숨바꼭질 게임을 하고 있을 때는 그것을 감지한다. 가장 하기 힘든 것은 이러한 의식을 전달한 제스처를 격리해서 그 상황에 창조적으로 대처하는 방법을 이해하는 것이다.

본질적으로 의혹과 불확실과 거부와 의심을 전달하는 제스처들은 모두 '부정'이라는 공통의 메시지를 갖고 있다. 그 강조는 동반되는 감정이 이렇듯 달라지지만 신호는 대개 크고 분명하게 "난 안 믿어"이다.

우리가 다른 사람에게 말하는 얘기의 일부는 의혹과 불확실과 거부와 의심과 함께 받아들여진다. 상대방은 우리가 하고 있는 말에 대해 이런 식으로 느낄 때면 말을 사용하지 않고 태도를 피드백한다.

거부 그룹의 가장 명백한 제스처들은 팔짱을 끼는 것, 몸을 비키는 것, 다리를 포개는 것, 마치 들리는 이야기를 좀더 분명하게 '보려는' 듯이 눈을 가늘게 뜨고 보거나 안경 너머로 보면서 머리를 앞으로 내미는 것이다. 이따금 우리가 의식하지 못하는 가장 미묘한 제스처들에는 실루엣이 나타나도록 몸을 약간만 돌리는 것과 코를 만지거나 비비는 제스처가 포함된다. 이 제스처들은 아마도 가장 부정적인 감정을 나타낸다.

곁눈질(그림 28)

누가 우리를 곁눈질한다면 그것이 의혹과 의심의 제스처라고 받아들여질까? "그녀는 나에게 쌀쌀맞게 대했다"라는 평범한 문장에서 우리는 불안해 하는 태도와 관련지어 생각되는 제스처를 확인시켜준다. 누군가가 마음에 안 들거나 동의하지 않거나 또는 일반적으로 아주 의심스런 얘기를 했던 경우들을 명확히 상기할 수 있는가? "그

그림 28. "정확히 무슨 의미야."

게 무슨 뜻이야?"와 같은 얘기를 하면서 비스듬한 자세를 취했는가? 그것은 권투선수나 검객이 상대와의 시합 자세를 취할 준비를 하는 모습과 비슷하다. 혼자 거리를 건너려는 노파를 도와주려고 할 때 정확히 45도로 몸을 피하는 표현이 무엇을 의미하는지를 발견할 것이다. 그것은 '고맙지만 싫다'는 말없는 거부의 제스처이다.

발 또는 몸 전체를 출구로 향하는 제스처(그림 24 참조)
　많은 상황들에서 누군가가 갑자기 발이 문을 향하도록 몸의 위치를 바꾸거나 포즈를 취하고 있는 것을 알아차릴 것이다. 이 제스처는 그 사람이 회의나 대화 또는 무엇이든 진행중인 것을 끝내고 싶어한 다는 분명한 표시이다.

몸의 위치를 바꾸는 것은 몹시 떠나고 싶다는 말을 하는 것이다. 그러나 이 제스처를 알아차리는 것과 그것에 대해 무언가 조치를 취 하는 것은 별개의 문제이다. 그럴 때면 그 사람이 당신에게 주의를 기울이도록 무언가 다른 일을 하거나 아니면 그냥 가게 해야 한다. 몹시 떠나고 싶어 하는 사람에게 계속 얘기하는 것은 결국 도움이 안 된다.

회의가 끝났다는 것을 의미하는 사장의 제스처를 읽을 수 있는 사 람은 참으로 관찰력이 날카로운 부하이다. 만일 그 직원이 이 신호를 알아차리고 사장이 떠날 수 있게 한다면 고용주를 도와준 것이며, 사 장은 이를 고마워할 것이다. 그러나 사장을 지체시킨다면 불쾌하게 여길 것이고 따라서 모든 질문에 대해 마음을 닫을 것이다.

사교적으로 방문하는 사람들은 비슷한 신호를 보낸다. 그들은 방문 의 마지막 30분 동안에는 마치 떠나려는 것처럼 몸의 위치를 정하기 시작한다. 재치있는 주인이나 여주인은 이 신호를 눈치채고 진심으로 이렇게 말할지 모른다. "늦었군요. 우리가 함께 있을 때는 확실히 시 간이 빨리 지나가요." 비록 손님이 말로는 그에 동의하지 않는다해도 그 말을 들은 후에 그들이 정말로 분명히 떠나고 싶다는 더욱 깊은 확인으로써 의자 끄트머리로 몸을 옮기는 것을 알아차릴지 모른다.

검지로 코를 만지거나 가볍게 비비는 제스처(그림 29)

한번은 어떤 젊은이가 루이스빌 대학교에서 버드휘스텔 교수와 책 에 대한 토론을 하고 있었다. 교수가 한 현대 고전에 대한 의견을

그림 29. 코를 만지는 제스처

묻자 그 젊은이는 코를 비비면서 그 책을 아주 재미있게 읽었다고 말했다. 교수는 "사실은 그 책이 마음에 안 들었던 거지?"라고 말했다. 그 말에 곤란하게 되었지만 자기의 본심을 어떻게 알았는지 확실히 몰랐던 그는 "사실 몇 페이지만 읽었고 몹시 지루하게 여겨졌다"고 인정했다. 그는 사실대로 말하기에 싫은 사람 앞에서 코를 비볐던 것이다.

버드휘스텔과 그 외의 다른 사람들은 미국인들 사이에서 코를 비비는 제스처는 "아니오!"와 같은 거부의 표시라고 결론을 내렸다. 우리는 코를 만지거나 비비는 것이 의심의 표시이며 많은 경우에서 그 의심이 버드휘스텔이 발견한 것과 같은 "아니오!"를 표현하고 있음을 알아냈다.

젊은이에게 대답하기 힘든 질문을 하고 그가 얼마나 빨리 검지손가락으로 만지거나 또는 비비는 동작을 하는지 지켜보자. 대부분의 사람들은 이 젊은이의 제스처를 의심의 표현으로 인정하기가 힘들다. 그러나 나이가 마흔이 된 오랜친구나 이웃이 똑같은 신호를 보낼 때는 종종 그것을 전혀 느끼지 못한다.

한 텔레비전 인터뷰 쇼에서 유명한 뉴스 해설가가 "오늘날의 청년들과 그들의 이상에 대해 역사가들은 어떻게 생각할까요?"라는 질문을 받았다. 말할 때 손을 얼굴에 가져가지 않도록 하는 훈련이 되었을 법한 그 해설가도 여전히 검지를 코의 옆 부분에 대면서 말했다. "나는 역사가들이 오늘날의 청년들을 이 나라에서 가장 훌륭한 애국자로 볼 것이라고 믿습니다." 만일 코를 만지거나 비비는 제스처가 의심이나 부정을 전달한다면 그 해설가의 의심은 어떻게 볼 수 있는가? (1) 적어도 그 질문에 대답하기 위한 것. (2) 정말로 자신이 말하려는 것을 믿었는가. (3) 자신의 믿음을 어떻게 가장 잘 전달할 수 있는가에 대한 의심. (4) 시청자들이 자신이 말하려는 것을 어떻게 받아들일 것인가에 관한 의심. 우리는 그가 보였던 다른 제스처들과 그 위에 그의 전반적인 자세의 일치를 알아보고 그의 의심이 (4)번이었다고 믿는다. 즉, 시청자가 자신이 막 하려는 말에 어떻게 반응할 것인가에 관한 의심이다.

이유는? 그가 앞서 보인 제스처 그룹들은 손가락으로 뾰족한 모양을 만들기, 대범한 자세로 앉기, 몸을 앞으로 내밀기와 상당한 솔직과 확신을 나타내는 다른 그룹들이기 때문이다. 이 사실에서 (1)번과 (2)번을 제외했다. 오직 이 특정 질문만이 그로 하여금 코를 만

그림 30. "글쎄, 모르겠는데."

지고 의자에 깊숙이 앉게 했다. 그는 어떤 다른 질문에도 최선의 해답 방법에 대해 미리 의심을 보인 적이 없었다. 이것이 (3)번을 제외시켰다.

이 제스처가 진기한 것은 아니다. 많은 조리있는 연사들이 주제에 어떻게 접근해야 할지 또는 청중의 반응이 어떨 것인지 확실하지 않을때 이 제스처를 쓴다. 한 세미나 참석자는 자신이 참여한 협상에서 모든 제안과 반대 제안들을 '반대자의 코'에 맡겼다고 밝힌다. 그는 자신이 관찰한 주요 제스처는 반대자가 코를 만지는 제스처였다고 설명했다. 이 행동은 해결이 얼마나 먼가 또는 가까운가를 신호했다.

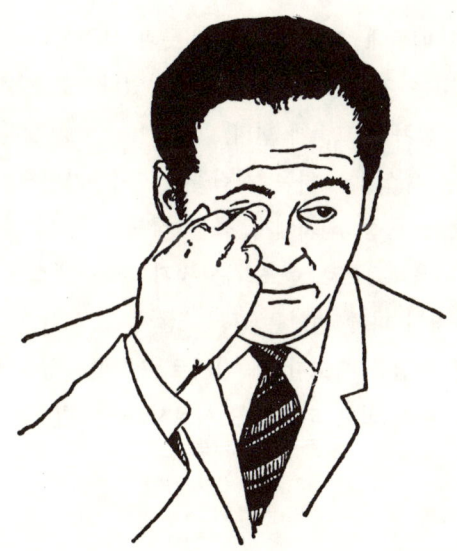

그림 31. "알 수 없군."

그는 처음에 양쪽이 유리한 위치를 차지하려 하고 있을 때 반대자가 말하거나 들으면서 종종 코를 만지는 것을 알았다. 협상이 계속되면서 그는 코를 만지는 제스처를 덜 보게 되었고 마침내 그가 반대 제안을 했을 때 반대자는 코를 만지는 대신 의자 끝으로 움직였다. 뒤이어 해결이 이루어졌다.

 그 일에 대한 사후 토의에서 그는 제안이나 반대 제안과 관련된 이 제스처의 중요성을 기록했다. 그는 반대자가 코를 만지는 경우에는 거의 항상 제안이나 반대 제안이 있기 전이나 후에 그 제스처가 있었음을 발견했다.

 어떤 제스처든 절대적이라고 여길지 모르는 사람들에게 하는 경고의 말은 사람들이 가끔은 간지럽기 때문에 코를 비빈다는 것이다. 그러나 간지럽기 때문에 코를 비비는 버릇과 부정이나 의심의 제스처로서 코를 비비는 것에는 분명한 차이가 있다. 코를 비비거나 긁는 사람들은 대개 힘차게 그렇게 한다.

반면에 다른 제스처를 하는 사람들은 아주 가볍게 그렇게 한다. 후자는 미묘하고 종종 의자에서 몸을 꿈틀거리거나 실루엣 자세로 몸을 뒤틀거나 육체적으로 움츠리는 것과 같은 제스처 그룹이 동반된다. 이 제스처의 다른 변형은 흔히 "글쎄 모르겠는데요"라는 말에 곁들여져 어떤 대답을 숙고할 때 검지로 귀 뒤나 옆을 비비는 것(그림 30)과 또다른 빈번한 의심의 표시로서 눈을 비비는 것(그림 31)이다.

긍정적 건설적 태도와 부정적인 태도

"세상에서 가장 구역질나고 비도덕적이고 음란한 그림은 「타이탄의 비너스」이다. 그녀가 벌거벗고 침대에 벌렁 누워있어서가 아니다. 그것은 그녀의 한 팔과 손의 자세 때문이다."
―― 마크 트웨인의 「도보 해외 여행」에서

이 장에서는 앞장에서와 마찬가지로 긍정적이고 건설적인 태도와 부정적인 태도를 대비하였다. 동시에 모든 다른 태도는 전후의 태도와 감정적인 유사점을 갖는다. 이 유사점과 차이점에 대한 비교로 표현되는 태도를 좀더 빨리 올바르게 판단할 수 있게 할 것이다.

준비

"강한 열망이 작용하는 예술에서는 누구나 재빨리 준비한다."
―― 토마스 만

어떤 사람들은 준비성과 적극성을 동일시한다. 그러나 우리는 정보를 수집하고 일을 처리하느라 바쁘기 때문에 대개 적의를 느낄 틈이 없는 목표 지향성이 높은 성취가에 관하여 '준비'라는 말을 사용할 것이다. 그는 자신이 성취하고자 하는 일에 대해 대단한 열정을 갖고 있고 또한 아브라함 마슬로가 '자기실현적'이라고 묘사했던 자질을 갖고 있는 인물이다. 바로 이 광범한 정황에서 우리는 연구하고 기록한 '준비' 제스처 그룹에 접근한다.

엉덩이에 손을 얹는 제스처(그림 32)

이것은 우리가 분명하게 확인할 수 있는 공공연한 제스처 중의 첫 번째이다. 종종 운동 경기에서 선수가 시합에 참여하기를 기다리고 있을 때 이 제스처를 본다. 업무 회의에서는 발을 벌리고 엉덩이에 손을 얹고 서 있는 사람은 단연코 참석자들로 하여금 자신의 방향을 따르게 하는 일에 관심이 있을 가능성이 크다. 어린 아들이나 딸이 부모의 권위에 도전할 때 어떻게 서 있는지에 주목하도록. 또한 자신이 가치있다고 믿는 목표를 열정적으로 추구할 때 서 있는 자세를 주목해 본다. 나이와 성별에 관계 없이 많은 사람들이 손을 엉덩이에 얹는 자세를 취한다. 대단한 성취가는 가끔 말을 사용하지 않고 목표에 대한 자신의 헌신을 전달할 때 그렇게 한다. 일부 사람들에게는 손을 엉덩이에 얹고 서 있는 자세에 뒤따르는 자세는 유명한 프로 골퍼가 종종 하듯이 바지를 추켜올리는 것이다. 또한 손이 엉덩이에 놓여있을 때는 발을 모으고 있으면 균형을 유지하기가 힘든 것처럼 다리가 벌어져 있는 것을 알아챌 것이다. 이 제스처의 한 변형은 앉아 있는 사람이 넓적다리 중간에 손을 얹고 몸을 약간 앞으로 내미는 것이다(그림 33).

잠시 통상적으로 엉덩이에 손을 얹는 자세를 취하면서 잘 알고 있는 누군가에 대해 생각해 보자. 당신이 정의하기에 그 사람은 목표

그림 32. 손을 허리에 얹은 전형적인 준비 제스처

그림 33. 앉은 준비 제스처

지향적인가? 그가 경쟁을 즐기는가? 우리는 수년간 우리 세미나에 참석해온 경영 간부들에 대한 기록을 해왔다. 그들 가운데 약 75퍼센트는 세미나의 첫 시간에 질문을 할 때 상의를 벗거나 단추를 끄르고 엉덩이에 손을 얹는 자세를 취할 것이다.

이 제스처는 개인이 신속하고 유능하고 싶은 열망을 전달하는 것이다. 그것은 긍정적인 제스처이므로 당신쪽에서 염려할 이유는 없고 만일 당신 역시 목표 지향적인 사람이라면 그의 기분을 나눠가질 수 있다. 이것은 서로가 소망하는 목표에 도달하도록 도움이 될 수 있다.

의자 끄트머리에 앉는 제스처(그는 그들로 하여금 의자 끄트머리에 앉게 했다.)

수없이 비디오 테이프 녹화를 하면서 우리는 사람들이 양보하고, 협동하고, 구매하고, 받아들이거나, 또는 의견일치에서 결론을 내리고, 거절하거나, 떠날 준비가 될 때 의자 끄트머리를 향해 움직였음을 관찰했다. 이것은 공공연한 움직임이 완전히 행동 위주임을 나타낸다.

가장 최근에 계약을 체결했던 때를 기억해 보자. 당신은 아마도 조건과 규정들에 동의하기 수분 전에는 의자 끄트머리에 앉아 있었을 것이다. 그 거래가 마음에 들지 않았다면 아마도 마침내 일어나서 떠날 용기를 내기 전에 세일즈맨에게 자신의 기분을 신호로 알리기 위해 똑같은 제스처를 사용했을 것이다. 우리와 함께 이 자세를 토론했던 많은 총명한 세일즈맨들은 사람들이 의자 끄트머리에 앉는 것은 사고 싶다는 열망을 전달하는 것이라는데 동의한다. 또한 어떤 사람이 판매에 저항을 하고 의자 끄트머리로 옮긴 후에는 일어나 떠날 준비가 된 것이라고 동의한다. 만일 놓쳐버린 판매처를 되찾으려면 이 때가 최후의 일격을 가할 때이다. 세일즈맨이 만일 다시 고객의 관심을 얻기 위한 새로운 것을 갖고 있지 않다면 다른 잠재 고객들에게 달라붙어 시간을 보내는 편이 더 낫다.

그림 34. 막판 대결

양팔을 벌리고 손으로 탁자 모서리를 잡는 제스처(그림 34)
　이것은 앉거나 서서 강하게 "내 말 들어, 할 얘기가 있단 말야"라고 말하는 자세이다. 부하 직원이 이 자세를 취하면서 상관에게 "날 해고시킬 수는 없어. 내가 그만두는 거야"라고 말하는 상황을 상상하도록.
　상대방이 드러내려는 제스처와 감정을 알아차리지 않으면 이 상태가 심각한 곤경으로 이어질 수 있다. 자녀나 고용인, 상사, 손님, 또는 누군가가 이 제스처를 보인다면 알아차리고 대처해야 한다. 갑자기 고함을 지를 정도까지 다른 사람의 감정을 확대키면 안 된다. 우리는 비디오 테이프 녹화에서 교섭자 중의 한 사람이 이 공공연한 자세를 취할 때는 다른 사람이 종종 그 비언어적인 메시지를 알아치리지 못함에 주목했다. 그 결과는 변함없이 아주 파괴적일 수 있는 감정의 격변이다.

은밀하게 말하면서 다가오는 제스처

좀더 미묘한 제스처 그룹은 은연중에 적극적인 준비를 나타낸다. 그것은 다른 사람을 지배하거나 지시하기 위한 평계로 이용된다. 그러한 제스처를 하는 사람은 대개 약 30센티미터(미국인들은 통상적으로 60 내지 70센티미터의 거리를 두고 대화한다)의 친밀한 거리 안으로 들어오면서 몸을 앞으로 내민다. 그러한 사람은 육체적으로 가깝다는 이 느낌을 알리면서 가끔 목소리를 낮추고 자신이 하고 있는 말이 비밀이며 당신에게만 하는 것이라는 인상을 준다. 반대로 그 제스처는 그가 자신의 지시를 따르게 하는 것에 익숙하고 이와 같이 하여 육체적으로 다른 사람들을 지배하려 할 것이라는 신호이다. 어쩌면 만화에서 키가 더 큰 등장인물이 둘 사이의 거리를 좁혀 키가 더 작은 등장 인물을 지배하려 하는 상황을 보았을 것이다. 키 큰 사람이 "내가 너에게 바라는 것은 말야……"라고 말하는 것을 상상해도 좋다. 그러나 이 '거리를 좁히는' 제스처를 확인이라고 받아들여 전혀 불쾌해 하지 않는 사람들도 있다. 이 제스처를 사용해야 한다면 이 정반대의 반응들에 주의해야 한다. 당신이 의미하는 바를 전혀 전달하지 못할 수도 있으니까.

안심

난생 처음으로 텔레비전에 나온 자신의 모습을 보면 충격적이다. 체중이 약 4.5킬로그램은 더 나가 보이고 머리는 가발처럼 상당히 숱이 많아 보이며 안경을 쓴 사람들은 더 나이들어 보이기 때문이다.

그리고 대부분의 사람들은 스스로 가장 지독한 비평가들이므로 자신의 외모와 행동에 불만인 경향이 있다.

 우리 세미나의 방침은 실제로 협상 대결을 비디오 테이프로 녹화하기 전에 시험 공연을 갖는다는 것이었다. 우리는 한 번도 비디오 테이프에 찍혀보지 않았던 사람들을 녹화해서 협상을 녹화하기 전에 보여준다. 이것은 주로 그들이 텔레비전 카메라를 마주하는 것에 대해 갖고 있을지 모르는 어떤 불안을 사라지게 하기 위한 조치다.

 월터 페이터(역주·영국의 비평가, 수필가, 소설가)가 말했듯이 "완벽에 이르는 길은 일련의 혐오감을 거치는 것이다." 이 첫 비디오 녹화를 보는 동안에 우리는 보는 사람들이 각각 "그다지 나쁘지 않다"고 확신하고 싶어했기 때문에 안심 제스처 그룹에 관한 자료를 많이 수집해 왔다.

 담요를 뒤집어쓰거나 또는 다른 대상에게서 안심을 구하는 것은 '피너츠' 연속 만화의 라이너스나 그것을 볼만한 나이의 어린이들에게만 국한된 것이 아니다.

 어른들에게서는 두 손을 꽉 쥐고 엄지손가락을 서로 비비는 행동이 우리가 관찰한 가장 흔한 제스처 가운데 하나이다. 그 제스처의 변형은 손톱의 각질을 뜯어내는 것과 손을 쥐어짜는 것이다. 또다른 제스처는 펜이나 연필을 입으로 깨물거나 빠는 것이다. 가끔은 종이 조각이나 페이퍼 클립이 연필 대신 이용된다.

 세인트 엘리자벳 병원의 제임스 애니스 박사가 관찰한 또다른 안심 제스처는 회의장에서 앉기 전에 의자 등을 만지는 것이다. 애니스는 그것을 '자신이 그곳에 속한다고 스스로를 안심시키는 것'이라고 설명한다.

무언가 불유쾌한 이야기를 하거나 들을 때 여성이 보이는 아주 평범한 제스처는 천천히 우아하게 손을 목으로 가져가는 것이다. 목걸이를 하고 있다면 그 동작이 목걸이가 아직도 그곳에 있는가 만져보고 싶은 것처럼 가장한다. 만일 그 여자에게 "방금 한 말이 확실해요?"라고 묻는다면 상대방을 확신시키려 시도하거나 아니면 방어적이 되어 대답을 거부할 것이다. 어떤 경우이든 그녀는 자신이 한 말이 확실하지 않다는 신호를 보내는 중이다.

안심을 전달하는 또다른 흔한 제스처는 손의 살이 많은 부분을 꼬집는 것이다. 이것은 여성들 사이에서 훨씬 더 흔하기는 해도 남녀 모두가 사용하는 제스처이다. 한 테스트에서 우리는 처음으로 비디오 녹화를 보는 사람들에게 녹화 재생을 관람하는 동안 계속 손을 사용하도록 커피를 제공했다. 우리는 얼마나 많은 사람들이 커피를 내려놓고 자신을 꼬집는 제스처를 행하는지 알고 싶었다. 많은 사람들이 처음에는 마치 화나게 하는 광경을 막으려는 듯이 눈을 가리는 방패처럼 커피잔을 사용하다가 내려놓고는 자신의 몸을 꼬집기 의식을 거치는 것이 발견되었다.

다양한 손가락 제스처는 불안과 내면의 갈등이나 걱정을 알린다. 안심이 필요한 어린 아이는 엄지손가락을 빤다. 시험이 걱정되는 10대는 손톱을 깨문다. 세금 부과액이 걱정스런 납세자는 손톱이 쓰릴 때까지 각질을 뜯어낸다. 가끔 청소년과 어른들은 물어뜯는 제스처에 손가락 대신 다른 물건으로 대체해 펜과 연필을 이용한다. 어떤 사람들은 플라스틱이나 금속 또는 나무의 맛을 싫어해 종이나 옷감으로도 바꾼다.

필요한 곳에 확신만 제공할 수 있다면 반대자가 협동적이 될 수 있다.

협동

> "우리는 발과 손과 눈까풀과 위 아래 턱처럼 협동하기 위해 태어났다."
> —— 마르쿠스 아우렐리우스

　진정으로 협동하길 원하는 이들은 누구이며 그들은 기꺼이 하겠다는 마음을 어떻게 전할까? 최근에 우리는 과학적으로 훌륭한 가치가 있는 생산품에 대해 토론하는 협상팀에 가담했다. 당면 문제는 전매 특허권, 형평법상의 권리 상황, 특허권 사용료, 연구개발비, 그 상품을 제작하고 시장에 내놓을 회사와 고객 모두를 위한 동기였다.
　토론이 시작되자마자 반대팀의 한 멤버가 비언어적으로 행동을 할 준비가 돼 있음을 전하는 단거리 달리기 선수의 자세(의자에 앉아 발끝을 세우고 몸을 앞으로 내밈)를 취했다. 그는 반대팀 과학자 가운데 하나였기에 우리의 전체적인 브리핑에 대한 그의 반응이 상당히 중요했다.
　처음에 그의 '행동할 준비가 된' 자세는 그가 우리의 상품에 대해 호의적일지도 모른다는 생각을 갖게 했다. 그는 기술적인 질문과 의심들을 솔직하게 제기했다. 그리고 우리 고객의 과학부 멤버들의 전문적인 대답들이 있었다. 우리는 그의 질문에 대답하고 의심을 만족시킨 후에 그가 팀의 다른 멤버들에게 호의적으로 영향을 미치기를 희망하면서 일부러 이 남자의 옆에 앉았다. 우리는 그를 잘 간파했다. 그는 매우 협동적이어서 우리의 지원자 역할을 했다. 이 사람의 협동적인 제스처를 알아차리고 이용한 것이 양측에 모두 이익이 되는 성공적인 결말을 가져왔다.

갑자기 무언가 잘못되기 전까지는 누군가가 완전히 협력적이라고 감지되는 때가 있다. 그 사람은 당신을 친근한 이름으로 불렀었는데, 이제는 형식적으로 부른다. 그의 미소가 찡그린 상으로 변했으며 양쪽 입가는 밑으로 처졌다. 이마에 잔뜩 주름을 잡고 눈썹을 아래쪽으로 일그러뜨리고 당신을 노려보았을지도 모른다. 당신은 어쩌면 그처럼 급격한 태도의 변화에 대응할 능력이 없다고 느꼈을 것이다.

그러한 상황에서는 많은 사람들이 무엇이 잘못되었는가를 생각하지만 지극히 일반적으로 "그는 내 아이디어가 마음에 들지 않았어" 또는 "이런, 그가 내 요청에 난처해 하는군."이라는 식이다. 우리는 뒤에서 이러니저러니 말하는 대신 그 사람이 협력을 중단하는 순간에 대화와 부수적인 제스처들을 개조하려는 시도를 해야 한다. 종종 우리는 자신이 비합리적이었고 따라서 위기를 재측했을지 모른다는 사실을 믿기가 대단히 어려웠음을 발견한다.

관찰력이 날카로운 사람은 그에 앞서 말과 억양과 얼굴 표정 및 다른 제스처들을 관찰함으로써 시비조로 팔짱을 끼는 단계가 다가오는 것을 안다. 그때에 심각한 대결이 시작되기 전에 존재했던 협동적인 분위기를 회복할 수 있다. 그렇지만 더 좋은 것은 애초에 협동이 거부로 바뀌는 일이 일어나지 못하게 하는 것이다. 대신 제스처를 관찰해 그 사람이 어떻게 반응하는가를 살펴서 부정적인 표시가 처음으로 나타날 때 즉각 자신이 전달해 온 것을 재평가 해야 한다. 다음은 알아두어야 할 몇몇 협동적인 제스처 그룹들이다.

의자 모서리에 앉는 제스처

이것은 당신이 하는 말에 관심을 전하는 제스처 집단과 조화된다면 협동적인 제스처이다. 그 예는 구매자가 계약을 맺겠다는 열의를 보이는 경우이다.

얼굴에 손을 대는 제스처

이것은 권태에서부터 평가중인 관심까지 무엇이든 전달할 수 있다. 평가는 호의적이 될 수 있다. 그러므로 그것은 어느 정도 협동을 전달하는 제스처로 간주될 수 있다. 다리를 포개고 앉아 있는 열 사람과 머리에 손을 대고 있는 열 사람 중에서 선택해야 한다면 우리는 좀더 협동적일 가능성이 있는 '머리에 손을 댄' 그룹을 택할 것이다.

웃옷의 단추를 푸는 제스처

이 제스처는 어떤 사람이 당신과 당신의 아이디어에 마음을 열고 있을 뿐 아니라 당신이 하고 있는 말에 정신을 집중하고 있음을 전달하는 듯하다.

고개를 갸웃하는 제스처

이 제스처는 그 사람이 당신이 하고 있는 얘기에 관심이 있을 정도로 협동적이다. 그러한 사람은 당신에게 흥미를 잃지 않은 것이다.

좌절

> "찡그린 얼굴이나 입으로 한 말이나 발길질은 직접 현재 몸에 의한 움직임으로 전달하는 메시지이며 몸이 이 행동을 계속하기로 고려하고 있는 동안만 일어나는 송신이다."
> —— 어빙 고프만의 「공공장소에서의 행동」

　텔레비전으로 미식 축구 경기를 볼 때 낯익은 장면을 볼 수 있을 것이다. 쿼터백이 뒤로 자취를 감추며 같은 팀 동료의 손으로 들어갔다 나오는 볼을 패스한다. 이때 그 사람이 패스를 놓치면 발로 땅을 차고 자기 헬멧의 옆을 찰싹 때린 다음 손으로 허공을 두 번 짧고 날카롭게 때리는 감정적인 반응을 보인다.

　만일 야구 선수였다면 모자를 벗고 손가락으로 머리털을 훑고 목 뒤를 긁은 다음, 땅(또는 아무것이나)을 차는 몸짓으로 좌절감을 나타낼 수 있다(그림 35).

　고객에게 물건이 탁송중이니 "나를 그만 못살게 굴어라"고 필사적으로 확신시키려 애쓰는 사업가는 아마도 이와 똑같이 머리와 목 뒤를 긁는 제스처를 행할 것이다. 전화로 말하고 있는 중이라면 아마 연필을 들어 힘차게 던지거나 혹은 두 동강을 낼 것이다.

빠르게 숨쉬는 제스처

　일부 제스처들은 움직임에 음향 효과가 곁들여진다. 황소는 화가 날 때 콧김을 뿜는다. 격분한 사람들은 대개 숨을 짧게 쉬면서 콧김을 뿜는 것과 비슷하게 콧구멍으로 공기를 단속적으로 내뿜는다. 대단히 감정적인 사람들은 슬픈 상황에서 숨을 깊이 들이쉬고 천천히

그림 35. 좌절한 야구선수

내쉬면서 긴 한숨소리를 낸다.

숨을 쉬는 것은 좌절과 혐오의 전달에서 중요한 역할을 한다. 예를 들어 헬렌은 어째서 그녀가 계속 고객의 요금을 잘못 계산하는 실수를 저지르는지 채근하기 위한 상사로부터 방금 호출을 받았다. 헬렌의 상사는 우선 숨을 깊이 들이쉰 다음 말한다. "이런 실수들에 대해 몇 번이나 경고했지?" 헬렌이 자신은 수학을 그다지 잘하지 못하고 계산기를 이용할 수 있게 해야 한다고 설명하자 상사는 그 제안을 개인적인 비판으로 받아들여 빠른 숨을 내쉬기 시작한다. 이 빠른 숨은 헬렌에게 '정말로 화나게 하고 있음'을 전달한다. 그러나 재치있는 사람이라면 상사가 "이것 봐, 우리는 경영이 아니라 당신의

그림 36. 단단히 꽉 움켜쥔 손

일을 의논하는 거야"라고 말하기 전에 그만둘 것이다. 대부분의 사람들은 살면서 이따금 이러한 형태의 대결에 직면한다. 바라건대 모두 그 숨쉬는 소리에 귀를 기울이고 어떤 의미인가를 이해하도록 해야 한다.

입맛 다시는 소리

이 소리는 대개 훈계나 혐오를 전달하기 위해 내는 것이다. 마르첼로 마스트로얀니는 영화「이탈리아식 이혼」에서 자신이 무시하는 아내와 맞설 때에 혐오의 제스처로 이 소리를 이용한다.

그러나 그 소리는 시리아 사람이라면 즉각 오해될 수 있는데 시리아 사람에게는 그것이 일반적으로 '노'를 의미하는 소리로 사용되고 있기 때문이다. 간혹 어떤 사람은 훌륭한 식사를 한 후에 그런 소리를 내기도 한다. 그때는 그것이 이를 닦는 운동이다.

양 손을 꽉 잡는 제스처(그림 36)

세미나에서 우리는 협상을 녹화한 비디오 테이프를 보여주는데 그 중 한 참가자가 긴장되어 양손을 꽉 잡는 모습을 보았다. 그 사람은 이 녹화된 협상의 마지막 부분까지 내내 두 손을 꽉 쥔 자세로 앉아 있다. 말로 표현된 언어와 제스처를 통한 커뮤니케이션 사이의 차이는 상당히 흥미있다. 이러한 이유에서 그것은 가끔 우리가 본의 아닌 이야기를 할 때 어떻게 말을 사용하지 않으면서 그 상황에 대한 본심을 전달하고 있는가를 설명하기 위해 사용된다.

이 경우 참가자는 전형적인 "내가 이기고 너는 지는" 협상 상황에서 반대자가 자신을 없애려 한다고 믿을만한 이유를 갖고 있다. 이 느낌의 결과로 그는 손을 꽉 쥐고 반대자를 응시하면서 몸의 윤곽만 보이고 다리를 포개지만(모두 의혹의 제스처들임) 여전히 용케도 약하게 "난 탁 트인 마음을 갖고 있고 이것을 해결하고 싶다"고 말한다.

반대자는 그가 말한 것과 그의 제스처를 통해 자신이 알아챈 것과 모순됨을 감지하고 그 말을 믿지 않는다. 이로 인해 그는 그릇된 확신을 갖게 되고 협상에서의 승리를 위해 훨씬 더 강하게 밀어부치는 반응을 보인다. 그 전략은 형편없음이 증명된다. 증대된 공격에 의해 의심하는 사람의 두려움이 커져 협상이 막다른 골목에 이를 때까지 더욱 물러서기 때문이다.

이 시점에서 협상은 중지되었고 참가자들은 비디오 테이프 녹화를 보면서 무슨 일이 있었는가를 재검토했다. 재검토를 하는 동안에 한 쪽 또는 양쪽의 참가자가 상대방이 비언어적으로 하고 있는 말을 완전히 모르고 있었고 그 상황을 개선하기 위해 전혀 긍정적인 조치를 취하지 않았다는 사실을 인정하는 일이 흔하다.
 이 경우에 일단 적극적인 사람이 반대자의 의심을 알게 되면 반대자의 마음에 있는 모든 의심을 일소시키려 해야 했다. 그러나 대신 그가 감지한 것은 오직 자신이 들은 것과 자신이 감지한 것 사이에 이분법이 있는 듯한 것이었다. 곧이어 그는 상대방이 약하다는 그럴 듯한 이유를 붙였고 좋은 것을 자기가 다 차지하려 했지만 아무런 소득이 없었다.
 우리는 비디오 테이프에서 손을 꽉 잡고 상대방을 설득하려 하는 사람들이 그다지 성공하지 못한 것을 관찰했다. 가끔 사람들은 무릎 위 또는 탁자 위에서 손을 꽉 잡고 있을 때면 두 엄지손가락을 서로 비비거나 한쪽 엄지손가락의 각질을 만지작거린다. 우리는 이 제스처가 안심의 필요성을 나타낸다고 믿는다. 이 제스처는 불확실하고 오직 어떤 문제를 해결하거나 타협에 도달하기로 합의하기 전에 이중으로 확신되어야 할 필요가 있다.
 손을 꽉 잡는 제스처(그림 37)는 손을 꽉 움켜쥐는 것을 한 단계 높힌 변형이다.
 이것은 자신에 대한 심각한 비난에 대답하도록 요청되고 있을 때처럼 누군가가 궁지에 몰려 있을 때에 관찰된다. 최근 캘리포니아에서는 지방선거 후에 정교한 투표 장비가 고장이 나 투표인 등록계원이 그 고장에 관한 혐의로 추궁당하는 모습이 촬영되었다. 그는 자신의 행위를 설명하면서 손을 꽉 잡는 제스처를 보였다.
 손을 꽉 움켜쥐는 사람들은 긴장되어 있고 관계를 맺기가 아주 힘들다. 그러한 사람들은 상대가 편안하게 해주어야 한다. 우리가 가끔 대단히 효과적으로 이용하는 테크닉은 그러한 사람을 향해 말하면서

그림 37. 손을 꼭 잡는 제스처

몸을 내미는 것이다. 예를 들어, 상사와 부하의 경우, 부하는 상사의 태도를 공연히 의심할 때가 있다. 상사가 책상 뒤에 앉아 거만한 눈초리로 내려다보는 한 부하의 손은 계속 꽉 움켜쥔 자세이다. 그러나 상사가 책상에서 일어나 부하가 앉아 있는 곳으로 돌아와 신뢰의 제스처로 몸을 숙일 때는 곧 손이 풀린다.

주먹 같은 제스처

루이스 로엡 박사는 「주먹」이란 제목의 논문에서 이 제스처는 계속되는 무의식을 전달한다고 밝힌다. 그의 전제는 단순히 한 사람이 자신의 말을 강조하기 위해 주먹을 쥐는 것 같은 제스처로 손을 꽉 움켜쥠으로써 다른 사람의 반응에 영향을 미칠 수 있다는 것이다.

주먹을 꼭 쥐는 사람들은 그것이 분명하게 보이도록 할 수 있지만 주먹을 호주머니 속에 집어넣거나 팔짱을 낀 제스처로 양 주먹을 겨드랑이 밑에 끼워넣거나 또는 양손을 등 뒤로 돌려 그 제스처를 숨기는 경우가 더 많다. 주먹을 꼭 쥐는 것은 본질적으로 남성적인 제스처이다. 여성이 말하면서 주먹을 쥐는 경우는 다소 예외적이다.

찰스 다윈은 「인간과 동물의 감정 표현」에서 꼭 쥔 주먹이 결의와 분노와 가능한 자신의 적의를 보이는 행동을 뜻한다고 관찰했다. 게다가 그는 주먹으로 손짓을 하는 사람은 반대자 역시 주먹을 꼭 쥘 수 있는 상호작용을 불러일으켜 열띤 논쟁이나 다른 적의의 표시로 끝날 수 있음에 주목했다. 앨버트 엠 베이컨은 「제스처 편람」에서 꼭 움켜쥔 손이 극도의 강조, 격렬한 선언, 무시무시한 결의, 또는 필사적인 결심을 나타낸다고 밝혔다.

원시 종족들은 주먹을 '저항의 제스처'로 사용했다고 알려져 있다. 미국 인디언은 그것을 출전의 춤에서 사용했다. 스트레스를 받은 사람들은 손을 꽉 움켜쥐는 경향이 있다. 그리고 가끔 그 제스처는 테이블을 두드리는 방향을 바꾼 행동이나 어떤 다른 신체 행동으로 발전한다. 현재는 그것이 정치적인 신분증명으로 사용되는 중이다.

검지손가락을 가리키는 제스처

자마이카 속담에서 말하듯이 "손가락을 가리키는 것은 결코 '여기를 보라'가 아니라 '저기를 보라'고 말하는 것이다."

거의 예외없이 대부분의 사람들은 누군가가 자기에게 손가락을 가리키는 것을 싫어한다. 또한 자기를 과녁으로 총검 연습에서의 표적 인형처럼 쿡쿡 찌르면서 "무슨 뜻인지 알아?"라고 물으면 한층 더 싫어한다.

열띤 논쟁에서는 마치 사람들이 펜싱 경기에서 에페(역주·끝이 뾰족한 시합용 검)처럼 서로에게 검지손가락을 사용하는 일이 아주 흔하다. 어떤 사람들은 검지손가락의 연장으로서 안경을 사용해 훈계나 충고의 제스처로 또는 강조를 위해 그것을 가리킨다. 궁지에 몰린 사람들은 마음이 편안한 사람들처럼 즉각 협동하지 않으므로 누군가가 적대적이 되거나 또는 '흥미를 잃지' 않도록 검지 손가락으로 가리키지 않는 것이 당연한 일이다. 많은 사람들은 검지손가락이 없이는 강렬한 인상으로 전달하기가 힘들게 될 때까지 이 제스처를 사용해 왔다. 다른 사람들에게 적대감을 일으키는 이 제스처를 사용하지 않으면서도 효과를 유지할 수 있다.

확실히 정치인들과 성직자들은 이 버릇없이는 완전히 길을 잃을 것이다. 그들은 요점을 똑똑히 자각시킬 때 이 제스처를 사용하는 경향이 있다. 그들의 청중은 직접적인 교제와는 달리 그 제스처에 지나치게 민감하지 않는 경향이 있다. 누군가가 어떤 개인보다는 단체에게 손가락질을 할 때는 언제나 그 손가락으로 가리켜지는 사람이 자신이 아니라 이웃이라고 믿기 쉽다. 가정에서 부모가 자녀를 야단칠 때 이 제스처를 사용한다면 자녀가 애완동물이나 인형에게 그것을 사용하기도 하는데—일종의 규율 서열인 셈이다.

애완동물을 길러본 사람은 누구나 지시를 전달하거나 훈련시킬 때 검지손가락이 얼마나 효과적인가를 안다. 동물이 말을 이해한다 해도 손의 신호와 제스처들은 요구를 전달하는데 아주 효과적이다.

목덜미에 손바닥을 대는 제스처

데이빗 험프리스와 크리스토퍼 브래니건은 목덜미에 손바닥을 대

그림 38. 방어적인 때리는 제스처

는 제스처를 기록하고 분석하면서 그것을 '방어적으로 때리는 자세'라고 부른다(그림 38). 그들은 "방어적으로 때리는 자세처럼 좀더 방어적인 상황에서는 손이 뒤로 가지만 목덜미에 손바닥을 얹음으로써 방어성이 감추어진다"고 설명한다.

특히 여성은 가끔 속으로 상대방이 "내 머리 속에 들어와 있다(나를 괴롭힌다)"고 생각하면서 머리를 손질하는 행동을 곁들여 이 제스처를 더욱 가장한다. 아마 "그는 목의 통증이야(그는 골칫거리야)"라고 하는 말도 이 제스처를 두고 하는 말일 것이다.

여섯 살 미만의 어린이들은 이 육체적인 공격 자세를 감추려하지

긍정적 건설적 태도와 부정적인 태도 105

그림 39. 흥분

않는다. 이 연령 그룹에 속하는 아이는 단순히 손바닥이 상대를 향하게 손을 머리로 올리고 가끔은 주먹을 쥐기도 하지만 좀처럼 꽉 움켜쥐지는 않는다. 그러면 상대가 물러난다.

운전을 하고 있을 때에 백미러에서 이렇게 손을 목덜미에 대는 제스처를 볼 경우가 있을지 모른다. 다른 자동차를 너무 빨리 앞지르면 그 자동차 운전자 '목덜미가 벌개질(화가 나게 될)' (그림 39)수 있다. 이것은 '목의 통증(불쾌감)'으로 발전된다. 경기에서 선수나 감독은 가끔 우선 헬멧이나 모자를 벗은 뒤에 이 때리는 자세를 취할 것이다. 그리고 그는 이따금 이 감정의 전이에 만족하지 못하고 너더리가 나서 헬멧이나 모자를 내동댕이 칠지 모른다.

땅이나 상상의 대상을 차는 제스처

화가 나고 좌절감을 느끼거나 또는 일반적인 짜증이 날 때 정말로 문을 박차고 싶은 욕망을 품은 적이 있는가? 아마도 누구나 이따금 그럴 것이다. 말을 사용하지 않으면서 다소 절제심을 발휘해 땅을 강타할 자세를 취해 감정적인 욕구를 전달해 보았는가? 무언가를 찰 태세를 갖출 준비를 하다가 주저한 적이 있는가? 이 행동들은 평범한 제스처이다.

투수 조 디마지오는 안타나 홈런을 빼앗길 때마다 이 제스처를 취한 고전적인 연구 대상이었다. 다른 운동선수들과 달리 조 디마지오는 일부 스포츠맨들이 자신의 성격에 더 맞다고 느낀 잔디구장에 혐오를 나타내기 위해 언제나 가벼운 스텝 킥을 택했다. 넌더리가 난 행동과 혼동되지 않아야 할 또다른 차는 제스처는 일부 사람들이 무언가를 '고찰하거나 숙고'할 때 사용하는 가볍게 차는 행동이다.

'콧방귀를 뀐다'는 것은 반감과 거부를 나타내는 보편적인 제스처로 보이는 것을 묘사한다. 유아들까지도 싫어하는 음식에는 마치 불쾌한 냄새를 피하려는 것처럼 머리를 뒤로 제끼면서 본능적으로 콧방귀를 뀐다. 이 제스처와 '거만한 눈초리로 내려다 본다'는 표현으로 묘사되는 내리깐 시선은 일치한다.

이 좌절 제스처 그룹들과 다음 장에서 소개되는 '초조'의 제스처들을 비교해 보도록. 그 둘 사이의 미묘한 차이를 분간해 보자.

움직이는 행동과 과정

> "인간은 거의 언제나 어떤 사람이 스스로 일을 처리했는가를
> 알고 나서 그를 동류로 취급한다."
> —— 루드야드 키플링

확신

> "세계는 결코 한결같이 침착하게 상대방의 눈을 똑바로
> 들여다보고, 절대로 농담하지 않고, 절대로 흔들리지 않으며, 조심성
> 있는 암시와 언급의 말은 아끼지 않지만, 적절하게 침묵을
> 지키도록 훈련된 —— 이 당당한 신사를 경계할 수 없을 것이다.
> 그것이 바로 '확신'이라는 요령이 아직도 유효한 이유이다."
> —— 윌리엄 볼리소의 「그리스도와 12사도」에서

'확신'은 자제를 가져올 수 있고 그 반대 역시 사실이다. '자제'는 쉽게 초조와 좌절로 퇴보할 수 있다. 모든 태도들을 감정이 있는 행동, 즉 하나의 과정으로 여겨보자.

자신있는 사람은 말하면서 입을 가리거나 코 또는 머리를 긁는 것과 같이 얼굴에 손을 대는 제스처를 보이지 않을 것이다. 따라서 '확신'에 관한 제스처를 읽을 때는 투영되고 있는 중인 감정과 모순이 될만한 의심이나 다른 부정적인 제스처를 경계해야 한다.

많은 것을 성취했고 자신이 어디로 가고 있는가를 아는 사람들에게서 종종 보이는 '자랑스럽게 똑바로 선 자세'는 역시 분명한 확신의 표시이다. 아마도 그것이 바로 우리가 젊은이들에게 종종 똑바로 서라고 충고하는 이유이다. 그것은 육체적으로 유익할 뿐만 아니라 비언어적으로 '확신'을 전달한다. 한 동료는 한 걸음 더 나아가 단지 등을 똑바로 하고 어깨를 펴기만 하면 우울한 기분이 결의로 바뀔 수 있다고 주장한다. 자신이 있는 사람은 불확실하거나 감추려 하는 사람보다 더 자주 눈을 마주치며 그 지속 시간도 더 길다. 또한 자신이 있으면 눈을 덜 깜박이게된다. 그러한 사람이 좀더 열심히 듣는 것 같기 때문이다.

'확신'을 전달하는 그룹을 형성하는 제스처에는 다음과 같은 것들이 있다.

손가락으로 뾰족탑 모양을 만드는 제스처(그림 40)

이 제스처는 사람들이 손가락 끝을 연결해 교회의 뾰족탑이라고 묘사하는 모양을 이룰 때에 만들어진다. 버드휘슬은 그 용어를 사용해 왔고 우리는 자신있고 때로는 자부심이 강하고 거만하며 이기적이거나 의기양양한 제스처를 나타내기 위해 그것을 채택했다. 그것은 그 사람이 자신이 하고 있는 말에 아주 확신하고 있음을 즉각 전달한다. 셜록 홈즈와 네로 울프는 둘다 자신들의 충실한 전기에 대해 '기초적인' 결론을 설명할 때 대개 그의 확실하고 자신있는 태도를 강한 인상을 주기 위해 뾰족탑을 만드는 제스처를 취했다.

손가락으로 뾰족탑을 만드는 것은 공개적이고 비밀스런 형태들이 있다. 그림 40과 41은 그 차이를 보여준다. 여성은 일반적으로 은근

그림 40. 손으로 뾰족탑을 만드는 제스처

하고 한층 낮게 뾰족탑을 만드는 제스처를 이용한다. 그들은 앉아 있을 때 손을 무릎 위에 놓거나 서 있으면서 손가락을 허리 부근에 살짝 붙인다.

성직자와 변호사와 학술원 회원들은 기업 경영 간부들처럼 가끔 손가락으로 뾰족탑을 만드는 경향이 있다. 우리의 연구 자료에는 경영 간부가 자신이 중요하다고 느낄수록 뾰족탑을 만들면서 손은 더 높이 쳐들 것이라고 나타난다. 이따금 손을 눈 높이에 맞추고 손가락 틈으로 상대방을 바라본다. 이것은 상관과 부하의 관계에서 아주 널리 퍼져 있는 제스처이다.

그림 41. 밑에서 뾰족탑을 만드는 제스처

우리의 비디오 테이프에 녹화된 협상자들 가운데 여러 명은 계약에서 불리한 위치에 몰렸을 때 하나의 방어책으로 이 제스처를 사용했다. 거의 모든 경우에 그들의 반대자는 손가락으로 뾰족탑을 만드는 사람이 무언가를 감추고 있고 아는 바를 다 말하지 않으려는 것처럼 반응했다. 모든 경우에 반대자는 즉시 접근법을 바꾸었다. 우리

그림 42. 미묘하게 뾰족탑을 만드는 제스처

는 포커를 하는 사람들에게 어떤 사람이 대개는 테이블 밑에서 손가락으로 뾰족탑을 만들고 있을 때면 (소위 '몰래하는 뾰족탑 만들기') 아주 좋은 패를 갖고 있지 않는 한 게임에서 빠지라고 권한다. 물론 그 도박꾼이 의도적으로 오해하게 하는 신호로 당신을 방해하지 않았다고 확신해야 한다.

얼마나 많은 사람들이 일부러 상대방을 속이기 위해 이 자세를 취하는지는 도저히 어림잡을 수 없다. 그러므로 그러한 때는 부수적인 제스처의 일치에 주목해 어떤 단일한 제스처의 의미를 받아들이기 전에 그 전과 후의 제스처들을 분석하도록 권하고 싶다.

양손이 좀더 가깝게 연결될 때는 팔이 다른 뾰족탑을 만드는 제스처의 기본적인 자세를 취해 좀더 미묘한 형태의 뾰족탑을 만드는 제스처가 생긴다(그림 42). 이것은 자주 '확신'을 나타낸다.

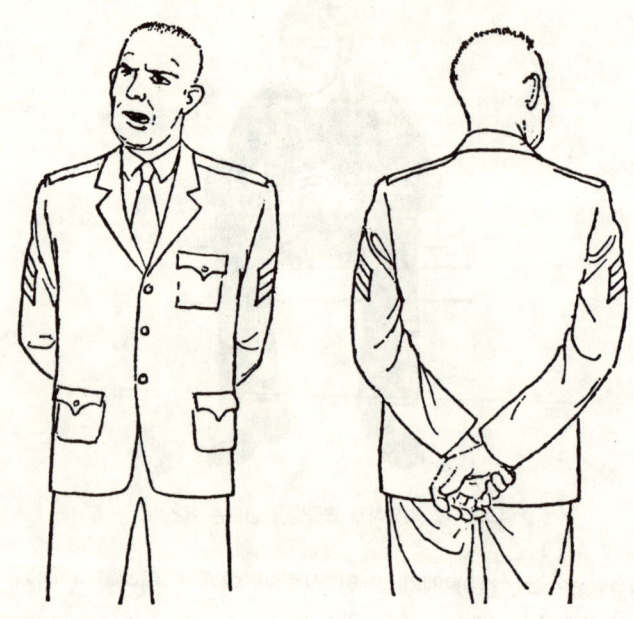

그림 43. 상사의 권위

양손을 뒤로 붙이고 턱을 치켜든 제스처―권위의 자세(그림 43)

이 제스처는 트라팔가 광장에서 런던 경관이 자신의 담당 구역을 순찰할 때 관찰될 수 있다. 독일에서는 세관 검사원이 짐을 조사할 때, 일본에서는 경영 간부가 회사에 대한 마케팅 계획의 중요성을 직원들에게 설명할 때 관찰될 수 있다. 많은 군인들은 입대 첫날 고참 상사가 일단의 신병들 앞에서 무솔리니 스타일로 뒷짐을 지고 턱을 앞으로 내민 채 어쩌면 몸을 뒤로 흔들면서 뽐내며 걷던 모습을 기억한다. 신참자는 틀림없이 누가 그 상황에서 우두머리인가를 깨닫는다. 이 제스처가 하고자 하는 말은 "여기에 대학 졸업자도 몇 명 있다는 걸 안다. 그러나 내 어깨에 갈매기 계급장이 있으니 내가 상관이다"일 것이다.

그러나 이 행동이 남성만의 권위 제스처라고 가정하면 안 된다. 우리는 최근에 런던에서 한 젊은 여자 경찰관이 순찰 구역을 걸으면서 똑같은 자세를 취하는 것을 관찰했다. 그리고 수줍은 시선을 하면서 눈을 아래로 내리깔고 손을 등 뒤로 돌려 가슴이 내밀어지게 되는 요염한 여자들이 있다. 이 제스처에서는 권위의 자세와 달리 양손이 등 뒤에서 훨씬 더 높이 움켜쥐어져 소심함을 나타낸다.

중국 여자들은 부모들로부터 가슴이 도발적으로 내밀어지기 때문에 손을 등 뒤로 돌리지 말라는 주의를 받는다. 남자들은 이 자세를 할 때에는 턱을 내려야 한다는 가르침을 받는데 그렇지 않으면 너무 반항적으로 보일 것이기 때문이다.

영역권, 지배, 또는 우위를 나타내는 제스처

「벌거벗은 원숭이」와 「인간 동물원」에서 데스몬드 모리스는 영역권의 이론을 인간과 동물에 의해 표현되는 것으로 검토한다. 그는 동물의 수컷들은 영역권을 선언할 때 오줌을 누거나 배변을 함으로써 자신의 경계선을 나타낸다고 설명한다.

우리가 직접 관찰한 바에 의하면 의자의 팔걸이에 한 다리를 걸치거나, 책상 서랍을 꺼내 그 위에 발을 얹거나, 책상이나 의자 위에 한쪽 발이나 양발을 올리는 것과 같은 행동들에서 영역권의 한 형태가 나타났다.

그림 44. 영역권

책상 위에 양쪽 발을 올리는 제스처(그림 44)

전국적으로 배포되는 한 경제지는 집단 관리 사진에서 우리 친구의 사진을 발표했다. 그 친구의 옆에는 커다란 회의 탁자 위에 한쪽 발을 올려놓은 남자가 있었다. 우리는 농담으로 그에게 말했다.

"만일 자네 왼쪽에 있는 사람이 자네 상관이 아니라면 경계하는 게 좋을 걸."

그 말에 그는 즉각 이렇게 물었다. "도대체 무슨 뜻으로 그렇게 말하는 거야?"

우리는 어떤 물건에 발을 올려놓는 사람들은 비언어적으로 지배나 소유권, 즉 모리스가 말한 '영역권'을 전달한다고 설명해 주었다. 그 친구는 웃으며 말했다. "아무튼 난 안전한 것 같네. 바로 그 사람이 사장이니까." 사진사는 그 집단의 사진을 여섯 장 찍었는데 어떤 사진에도 발이 탁자 위에 올라가 있지 않았던 것 같다. 일곱번째 사진이 찍히기 전에 그 그룹의 한 사람이 사장에게 말했다. "자연스럽게 보이도록 늘 하듯이 다리를 올려놓지 않겠습니까?" 이것이 발표된

움직이는 행동과 과정 115

그림 45. 자부와 소유

사진이었다.

아마도 독자들 모두 오래된 가족 앨범을 자세히 살펴보면 한 친척이 자기 소유 자동차에 몸을 기대고 있는 사진을 발견할 수 있을 것이다(그림 45). 오늘날의 자동차 소유자들의 여전히 사진을 찍거나 누군가에게 재산에 대해 말할 때면 자신의 차를 만지거나 몸을 기대는 것을 볼 수 있다. 또한 그들은 자동차에서 떠날 때면 연달아 두어 번 흘깃 쳐다보기를 억제하기 힘든 것을 발견한다.

그와 비슷하게 실제 사회 상황에서 결혼한 지 수년 된 부부들 중에 한쪽 배우자가 다른 상대방 배우자의 유혹을 불안해 하고 있는 부부들을 분간해 낼 수 있다. 그 배우자는 비언어적으로 다른 사람들에게 소유권을 신호로 알리면서 팔을 상대방의 허리에 두르고 손을 맞잡고 걷거나 또는 다른 형태로 과장되게 껴안아 그 제스처로 소유나 소속을 전달한다.

원하는 공간에 물건을 놓는 제스처

가끔 우리는 험프리 오스몬드가 '사회적 기억상실 공간'이라고 불렀던 것에까지 범위를 확장한다. 상의나 지갑, 책, 또는 신문 같은 다양한 개인 소지품을 그 위에 펼쳐놓음으로써 침입받지 않기를 기대하는 것이다.

학생들은 도서관에서 공부할 때 아무도 가까이 오지 않기를 바라면서 자신의 소지품들을 펼쳐놓는다. 극장에 가는 사람은 좌석이 예약되어 있지 않을 때 다른 사람이 앞에 앉아 시야를 방해하지 않도록 앞좌석에 상의를 걸쳐놓는다. 그리고 엘리베이터에 타는 사람들은 거의 직업 권투 선수들처럼 각기 다른 코너로 간다.

한 친구는 국토를 횡단하는 버스 여행에서 늘 통로쪽 자리에 앉아 옆자리에 아름다운 여자들이 앉게 했다. 그는 여자들이 창가에 앉고 싶어함을 알고 창가의 좌석에 일부로 베게를 놓고 아름다운 여자가 좌석을 찾으며 통로를 걸어올 때마다 기꺼이 베게를 치우겠다는 것을 몸짓으로 나타냈기 때문이었다. 영역권을 포기한 것이 그에게 부러울 만큼 많은 매력적인 길동무들을 얻게 했던 것이다.

몸을 높이는 제스처

이것 또한 지배나 우위를 전달한다.

먼 옛날부터 신들은(예를 들어 발할라 신전이나 올림프스 산) 높은 곳에 살고 있는 것으로 묘사되어 왔다.

판사는 그의 상징적인 권위와 법에 준한 판결이 최종적이기 때문에 높은 곳에 앉는다.
 상위 계급의 남녀들은 '전하'라고 불러왔고 오늘날 우리들은 '올려다 보다(존경하다)', '받들어 모시다', 또는 '귀족 신분으로 상승하다'와 같은 표현을 사용한다. 노아 고든이 「사형 감시인」에서 "그는 의자 위로 올라갔고 이제는 마치 왕좌에 앉아 그들을 내려다보듯이 두 발을 좌석에 얹고 등받이에 기대 앉았다"고 묘사한 것처럼.
 누군가에 대한 지배나 우위를 전달하고 싶을 때마다 오직 해야 할 일은 둘다 앉아 있는 동안 또는 서서 상대를 앉게 함으로써 육체적으로 그보다 자신의 몸을 높이는 것이다. 상대방은 비언어적인 커뮤니케이션을 이해하지 않는다 해도 즉각 당신이 자신을 '얕보는 듯한 투로 이야기하고 있다'는 느낌을 받을 것이다. 그러나 일단 당신이 이런 고상한 가면 없이 그를 받아들이면 그는 아마도 당신에 대해 "그는 나를 자기 수준에서 받아들인다"고 말할지 모른다.
 우리는 세미나에서 경영 간부들에게 절대로 몸을 높이거나 어떤 다른 방법으로도 반대자와의 사이에 장벽을 만들어내지 말라고 역설한다. 오히려 장벽을 제거하고 의견이 일치하지 않는 자들과 더 가까와져야 한다.

시가를 피우는 제스처

 조사 결과 시가를 피우는 사람들 중에 거의 반은 대개 흡연을 특별한 사건이나 행사와 관련지어 생각한다고 나타났다. 우리는 사업상 대결에서 시가를 피우는 사람들을 비디오 테이프로 녹화할 경우가 극히 드물었다. 아무튼 녹화가 된 사람들 중에는 목표를 달성한 후에 시가에 불을 붙였고 협상이 시작될 때는 결코 시가를 피우지 않았다.

또한 우리는 시가에 불이 붙여지면 재떨이에 놓여져 연기를 내기 보다는 오히려 불이 붙은 때부터 꺼질 때까지 손에 쥐어져 있다는 사실을 발견했다. 시가를 피우는 사람들이 연기를 내뿜는 방식 또한 다른 담배를 피우는 사람들의 방식과 아주 다르다. 그들은 거의가 마치 연기 고리를 입으로 불어 만들려는 것처럼 연기를 위로 내뿜는다. 특별히 시가를 피우는 사람이 자부심이 강하거나 자신의 위치에 자신이 있다는 것은 사실이다. 그러한 사람은 이 특정 단계에 이르렀을 때 일정한 간격을 두고 느긋하게 말하면서 담배를 뻐끔뻐끔 피운다.

일부 사람들은 시가를 피우는 동기부여 요인이 시가를 부와 연결시키는 신분의 상징이라고 믿는다. 라틴 아메리카의 어떤 나라에서는 시가를 피우는 것과 사내다운 남자의 개념이 일치된다. 이유야 무엇이든 우리는 시가를 피우는 사람들이 스트레스를 받을 때 시가를 피우며 연기를 내뿜는 방법으로 '확신'과 '안심'을 표현한다고 믿는다.

혀로 딱 소리를 내는 제스처("그녀는 몹시 자랑스러워서 암닭처럼 혀를 차는 소리를 냈다")

이 소리가 날 때 혀는 입 천정으로 올라갔다가 곧바로 떨어지게 되어 대개는 자기 만족의 제스처와 관련된 혀 차는 소리가 난다. 가끔은 이와 함께 마치 한 손바닥에 올려져 있는 병뚜껑을 다른 손바닥이 치고 있는 것처럼 두 손을 마주치거나 손가락마디를 꺾어 딱 소리를 내는 것을 관찰할 수 있다. 귀가 먼 벙어리들은 '일이 완수되었음'을 전달하기 위해 아주 비슷한 제스처를 이용한다.

제2차 세계대전 당시 이탈리아에 있던 미군들에게는 혀로 내는 딱 소리가 (젊은 여성을 희롱할 때 내는) 휘파람과 똑같았다. 그것은 여전히 예쁜 여자에게 똑같은 의미를 전달한다. 어떤 사람들은 맛있는 식사를 맛본 후에 그 소리를 낼 것이다.

양 손으로 머리를 받치고 뒤로 기대는 제스처(그림 46)

한 인기 만화에서 진지한 대화를 하고 있는 두 유명한 정치인을 묘사한다. 두 사람 다 앉아 있다. 한 사람은 머리 뒤로 양손을 깍지 낀 채 한껏 몸을 뒤로 젖히고 4자 모양으로 다리를 포개고 있다. 다른 한 사람은 어깨에 힘이 하나도 없이 앞으로 몸을 내밀고 있고 양팔은 축 쳐져 무릎으로 지탱하고 있는 실의에 찬 모습이다.

우리는 세미나에서 이 그림을 보여주면서 참석자들에게 제스처에 커뮤니케이션이 들어 있지 않다고 믿느냐고 물었다. 극소수는 어떤 커뮤니케이션도 존재하지 않는다고 대답했다. 곧이어 우리는 두 만화 인물 중에 누가 말을 하고 있고 무슨 이야기를 하고 있는 것 같은가를 물었다.

일반적인 대답은 뒤로 기댄 사람이 지배적인 위치에 있으며 자신이 하고 있는 말을 대단히 확신하고 있다고 지적한다. 일부는 더 나아가 "그는 자부심이 아주 강하고 잘난 척한다"고까지 말한다. 반면에 다른 사람은 불행하고 실의에 차 있고 의심스러워하는 중이라고 설명한다. 어쨌든 아무도 그 역할이 거꾸로라고는 믿지 않았다. 모든 사람들에게 이 단순한 만화는 대립하고 있거나 스트레스를 받고 있는 사람들 사이의 비언어적인 커뮤니케이션으로 이해하게 한다.

머리 뒤통수로 양손을 깍지끼고 뒤로 기대는 것은 본질적으로 미국식 제스처이다. 미국에서도 남서부의 남성들이 다른 지역의 남성들보다 더 자주 이 자세로 앉는다. 로버트 마크햄은 「썬 대령」에서 등

그림 46. 우월

장인물에 서부적인 멋을 주기 위해 이 제스처를 이용한다. "그는 긴 머리를 하고 뒤통수 뒤로 양손을 깍지끼고 한껏 몸을 뒤로 젖혀 하얀 티셔츠와 무색 무명 바지를 입은, 반쯤은 진기한 서부인처럼 보였다."

우리는 이 제스처가 어떻게 전개되는가를 연구하면서 소총이나 권총을 찬 백인 남자 개척자들이 이 자세로 앉아 있는 그림들을 발견했다. 개척자들이 재빨리 총을 뽑아들 필요가 있었다는 것은 의미 심장할 수 있다. 이것이 권총을 쏘는 자세이든 아니든 이 자세를 취하는 사람은 즉각 상대방에게 힘을 뺀 공격적인 태도를 전달한다. 비록 이 제스처는 대개 남성들이 사용하긴 해도 세미나에 참석했던 일부 여성 변호사들은 '속을 털어놓는' 고객의 말을 들을 때 이 자세를 취한다고 시인했다. 그들은 이 제스처가 분석을 위한 정신 집중에 훨씬 큰 도움이 된다고 말했다.

초조

"어째서 우리는 주먹을 꽉 움켜쥐고 세상에 태어났다가 손가락을 펴고 떠나는가?"
――「탈무드」

"그는 눈으로 윙크하고 발로 말하며 손가락으로 가리킨다. 그의 가슴 속에는 옹고집이 들어있다. 그는 끊임없이 골치거리를 궁리한다. 그는 불화의 씨를 뿌린다."
―― 잠언 6장 13~14절

다음에 누군가 "그는 초조해 하는 거야"라는 진부한 표현을 사용하는 것을 들으면 왜 그렇게 생각하는지 설명해 보라고 해보자. 처음에는 그 사람이 무슨 뜻으로 말하는가를 설명하기 위해 '알다시피'라는 접근법을 이용할지 모른다. 자신이 강하게 느끼는 것을 말로 나타낼 수 없을 때 '초조해 하는' 사람이 또다른 '초조해 하는' 사람에 대해 말하고 있는 셈이 될 수 있다. 우리는 그가 '초조해 하는'이라고 부른 완전한 제스처 그룹을 알아챘다고 믿는다.

한 남자가 아주 급히 방으로 들어와 즉각 앉지 않고 앉으라는 애기를 들은 후에야 마침내 앉지만 가능한 멀리 떨어져 있는 의자를 선택한다. 이윽고 그는 팔짱을 끼고 다리를 포갠 채로 창밖을 내다본다. 그는 만사가 괜찮으냐는 질문을 받으며 재빨리 의자에서 몸의 체중을 옮겨 문쪽을 향한다.

이러한 표시들은 걱정스럽고 초조하고 불안한(긴장) 상태가 비언어적으로 전달되는 것이다. 이 메시지를 받는 사람은 무엇이 이러한 상태의 원인이 되었는지 궁금해 하며 묻는다. "만사가 괜찮아?" 그는 마음에 차지 않는 대답을 듣고 다시 말한다. "정말로 괜찮아?" 이 두번째 질문에 그 사람은 급히 일어나 방을 서성거리다가 관찰자에게 말한다. "날 그만 못살게 굴어."

이 상황이 낯익게 들리는가? 비록 관찰자가 무언가가 잘못되어 있음을 깨달으면서 말로 그것을 확인하려 했지만 결과적으로 그 사람을 멀어지게 했다. '긴장한' 사람은 가끔 질문에 압력을 받는 느낌이 되어 걸어나가거나 그렇지 않으면 그대로 있긴 하지만 정신이 완전히 다른 데로 가서 무관심하게 될 것이다.

초조나 불안의 상태를 전달하는 제스처는 호전될 때까지 기다려야 하기 때문에 상대편의 인내를 필요로 한다. 그리고 때가 되면 나름대로의 방법으로 상대편이 이미 알아채고 있던 것이나 기다리고 있던 얘기를 시작할 것이다.

다음은 초조 및 또는 불안과 관계 있는 몇몇 제스처 그룹들 이다.

헛기침

규모가 크건 적건 여러 사람 앞에서 이야기해 본 사람이라면 말을 시작하기 전에 이상하게 목이 답답하다는 느낌이 들었던 것을 기억할 수 있다. 불안이나 두려움 때문에 목 안에 점액이 형성되고 따라서 당연히 목을 깨끗히 하기 위해 종종 연단에서 들리는 그 낯익은 소리를 내는 것이다.

어떤 사람들은 몹시 자주 헛기침을 해서 그것이 습관이라고 생각할 수 있다. 그러나 그들 중의 많은 수가 초조한 타입을 나타낸다. 계속 헛기침을 하고 목소리의 억양과 어조를 바꾸는 사람들은 일반적으로 불확실하고 불안하다는 것을 신호한다.

여자보다는 남자가 더 이 의미있는 소리를 많이 사용하고 어린이보다 어른들이 훨씬 더 자주 사용한다. 어린이들은 더듬거리거나 중얼거리면서 "에……"라고 말하거나 "있잖아요,"와 같은 말을 거듭 사용하기도 하지만 대개 헛기침은 하지 않는다.

남자 어른이 의식적으로 내는 헛기침 소리는 어린 아이나 여성에게 얌전히 행동하라는 비언어적인 신호일 수 있고 훈계하는 제스처로 사용된다. 이유가 무엇이든 의식적이건 무의식적이건 헛기침을 하는 것은 분명히 사람의 감정을 전달한다.

연기의 세계에서는 "저 선생님(헛기침), 사실은 그게 확실하지 않습니다"와 같은 대사들을 무수한 연극이나 영화에서 인정해 왔다. 런던에서 활동하는 한 극작가는 최근에 너무 적다고 여겨지는 팁을 받은 웨이터의 기분을 말을 사용하지 않고 전달하게 하려고 등장인물로 하여금 코를 만지는 의심의 제스처와 함께 이 의미심장한 소리를 사용하게 했다.

다음에 헛기침을 할 때는 어떻게든 목 자체가 직접적인 원인인지 아니면 단순히 다른 사람이나 자신의 기분에 대한 불안을 표현하고 있는 중인가를 확인해 보도록 하자.

휴 하는 소리

사람들은 종종 공기를 방출하는 제스처로 휴 하는 소리를 이용한다. "휴, 드디어 끝났구나"하는 것처럼. 어린이들은 이와 똑같은 소리를 이용하고 똑같은 감정을 전달하면서 쉽게 어른들을 모방할 수 있게 된다.

사람들은 대개 어떤 과업이나 장애가 극복되었음을 전달하고 싶을 때 이 의미있는 소리를 사용한다. 그러나 때로는 그 소리를 낸다는 것을 완전히 의식하지 못한다. 그들은 거의 다소 의심스런 상황의 만료나 완화를 신호로 알리고 있는 중일 수 있다. 염려하여 숨을 죽였다가 휴 하고 내는 소리는 말 그대로 안도의 한숨일 수 있다.

휘파람 불기

연구 결과에 의하면 휘파람을 부는 것은 다양한 감정을 나타낸다.

흥미있는 것은 겁이 나거나 불안해 하면서도 용기 또는 자신을 강하게 하려 애쓰기 때문에 휘파람을 불면서 목소리를 떠는 사람이다.

이러한 사람은 '하얀 얼굴을 한 의심의 새'라고 부를 수 있다. 그러한 사람은 정말로 답답한 장소에 있을 때마다 위안을 얻기 위해 감정이 전이되어 바뀐 소리로 되돌아간다. 법 시행 당국은 죄수들의 커뮤니케이션에서 두려움의 휘파람은 다른 것들과 크게 다르다고 보고한다. 그들은 휘파람 소리로 규율을 위해 다른 죄수들이 그 죄수에게 '손을 댔다'는 것을 구별할 수 있다고 까지 믿는다.

담배를 피우는 사람들

버릇 중에서 아주 명백한 경향의 버릇은 사람들이 불을 붙이고 담배를 피우거나 끌 때 담배를 다루는 다양한 방식을 포함하는 것이다.

어떤 사람들은 다른 사람들보다 더 의식주의이고 위엄을 갖추고 신중하며 자신만만하다. 어떤 사람들은 마치 다음 말이 그 위에 씌어 있는 것처럼 피우고 있는 담배를 쳐다보지 않으면 똑바로 생각할 수 없는 것처럼 보인다. 담배를 진정제처럼 사용하고 긴장된 시간 사이 틈틈이 담배를 입술에 대는 사람들도 있다.

우리의 연구는 주로 업무 협상 중의 흡연과 관련된 것이다. 통속적인 생각과는 반대로 흡연가들은 극도로 긴장될 때는 담배를 피우지 않는다. 대신에 그들은 아주 긴장될 때 담배를 끄거나 담배를 피우지 않고 그냥 태운다. 세미나에서 이 반응에 대한 의심이 제기될 때 우리는 흡연가인 참석자에게 실제 상황에서 그의 행동이 어떠할 것이냐고 질문한다.

예를 들어 어느날 아침 그가 담배에 불을 붙인 직후에 사장이 전화해 아주 강압적인 말투로 "당장 들어오게!"라고 말한다. 이제 우리는 그 흡연가 사무원이 피우고 있던 담배를 어떻게 할 것인지 설명해보라고 한다. 그는 거의 아마도 방금 불을 붙인 담배를 끄고 타는 담배를 재떨이에 놓거나 또는 사장실로 가지만 사장실로 들어서기 전에 끌 것이라고 말할 것이다. 일단 그가 사무실에 들어오면 사장은 자신의 말투가 그 직원을 대단히 당황하게 했음을 깨닫고 그렇게 딱딱하게 말할 생각은 없었다고 재빨리 해명한다. 오히려 사장은 어떤 문제의 해결에 그의 도움이 필요하다고 말한다. 우리는 다시 그 흡연가에게 돌아가 그때에 자신의 행동이 어떠할 것이냐고 묻는다. 그의 대답은 "담배에 불을 붙인다"이다.

수년 동안 우리는 흡연가들과 실험을 했다. 긴장하게 될 때 어떻게 반응하는가를 알아보기 위해 그들을 '궁지'에 처하게 한다. 이것은 의도적으로 비디오 테이프에 녹화하면서 질문을 받는 것으로 이루어진다. 우리는 그 '어려운 처지' 상황 옆에 커다란 받침대가 달린 재떨이를 배치하는데, 그것은 의자에 앉아 있는 동안 담배를 피워도 좋음을 말없이 전달하는 방식이다. 그러나 카메라 앞에 앉아 겉보기에는 해가 없는 질문들에 대답하는 스트레스 때문에 피실험자는 보통 하루에 얼마나 많은 양의 담배를 피웠든 상관없이 담배를 피우지 않는다. 그러나 그는 일단 실험이 끝나고 본래 자리로 돌아가면 담배에 불을 붙인다. 이와 비슷하게 우리는 사람이 담배를 피우면서 갑자기 극도로 긴장하게 될 때는 담배를 끄거나 또는 재떨이에 놓은 채로 긴장이 풀릴 때까지 타게 내버려두는 경향이 있음을 관찰했다.

의자에서 안절부절 못하기

아마도 학교에 다닐 때 한 번이라도 "가만히 앉아 있지 못해?"라는 말을 들어보지 않은 사람은 한 사람도 없을 것이다. 그럴 때에

"재미있는 얘기를 해준다면 그렇게 할게요"라고 대답하면 멋지지 않을까? 사람들은 스트레스를 받는 상황에서는 의자에서 안절부절하기 쉽고, 반드시 의자에서는 아니지만 그 상황에서 편안하게 느껴질 때까지 계속 그렇게 할 것이다.

세미나를 이끌면서 우리는 '안절부절하는 사람'들에 대해 상당량의 자료를 얻을 수 있었다. 대부분의 사람들은 다음 중 한 개 이상의 이유들로 안절부절 한다.

첫째, 피곤하다.
둘째, 이야기가 열심히 듣게 할 만큼 자극적이지 않다.
셋째, 몸이 일정한 시간(예를 들어 점심시간)에 반응하기 시작하도록 길들여져 있다.
넷째, 의자가 그다지 푹신하지 않아 엉덩이가 가만히 있지를 못한다.
다섯째, 다른 것에 정신이 팔려 있다.

이 제스처를 알아차리고 그에 상응하게 행동하는 세미나 지도자라면 그룹과 합일을 이룰 수 있다고 한다. 학생들이 강의 자료를 얼마나 잘 이해하고 있는가를 모르는 교사라면 자격이 없다. 안절부절 못하는 타입들은 아무런 반응이 없으며 가끔 '무관심하게 되는' 다음 단계로 들어간다.

말하면서 손으로 입을 가리는 제스처(그림 47)

찰스 다윈은 이렇게 썼다. "손으로 입을 가리는 것은 경악의 제스처이다. 또한 가끔 이것은 사람들이 무언가를 말하고 나서 후회하거나 자신이 한 말에 깜짝 놀랄 때 보이는 제스처이기도 하다. 그것은

그림 47. 경악

마치 말의 흐름을 막고 싶어하는 것처럼 보인다. 그러나 그 말들은 이미 입안에서 내뱉어진 상태다."

　법을 시행하는 관리들은 그 제스처가 자기 의심에서부터 철저한 거짓말까지 다양한 감정을 전달한다는 우리의 믿음을 확인시켜준다.
　많은 부모들은 자녀들이 무언가 자신이 한 일에 대한 질문에 반응할 때 흔히 이 제스처를 보게 된다. 아이가 대답하기 시작할 때면 거의 변함없이 한 손이나 두 손이 입 주변의 어딘가에 놓이게 된다. 또한, 아이의 손이 자유롭고 아무것도 쥐고 있지 않다면 "아이쿠, 실수했네"라고 말하면서 입으로 올라갈 것이다. 어린이가 열정을 느끼거나 자신있는 무언가에 대해 얘기할 때 어떻게 반응하는가를 비교해 보자. 그러할 때 어린 아이는 손을 흔들거나 가리키거나 또는 입에서 밀어내면서 말을 보충한다. 이 제스처 그룹들은 말을 사용하는 커뮤니케이션에서 주의를 다른 데로 돌리게 하려 하기보다는 오히려 현재 하고 있는 말을 긍정적으로 확인한다. 이 모든 제스처들은 어른이 되어서까지 계속된다. 한 미연방수사국 요원은 자신과 동료 요원들이 공공장소에서 서로 이야기할 때 다른 사람들이 엿듣는 것을 막기 위한 방패로 손을 사용하는 나쁜 습관을 들였다고 기억한다. 이 버릇은 곧 부모 눈에 띄었고 그들은 다음과 같은 말로 그 버릇을 고쳤다. "애야, 우리에게 감출 것이 없잖니. 그러니 손 틈으로 말하지 말거라."

이 제스처의 한·변형인 입 모양으로 말하는 것은 1930년대에 기결수나 전과자의 특성을 나타내기 위해 많은 영화에서 사용되었다. 당시 죄수들은 서로 말하는 것이 허락되지 않았기 때문에 들리는 바에 의하면 입 모양으로 말하는 것이 그 규칙을 속여넘기는 한 방법이었다고 한다. 아마도 이 버릇은 그들이 출옥한 뒤에도 남아 있었던 듯하다.

의식적으로 자신의 이야기를 감추고 싶은 사람들 또한 손바닥을 오무려 입에 대고 15센티미터 내지 30센티미터의 친밀한 거리에서 듣는 사람에게 말할지 모른다. 가끔은 손가락 틈으로 말하기보다 팔꿈치를 탁자나 책상에 얹고 팔뚝으로 피라미드 모양을 만든 다음 직접 입 앞에서 양 손을 잡기도 한다(그림 48). 그리고 말을 할 때뿐만이 아니라 들을 때에도 이 자세를 유지한다.

우리는 거의 예외없이 그러한 사람들이 터놓고 얘기하기에 적당한 때라고 느낄 때까지 반대자들을 앞지르기 위해 계략을 쓰고 있음을 깨달았다. 그들은 그러한 때가 되면 탁자 위에서 손바닥이 위나 아래를 향하게 되었다. 그러면 사람과 사람 사이의 알력은 증가되고 반대자들은 동의하거나 또는 대결을 반대하는 것으로 끝냈다.

그림 48. 대화를 감추기 위한 제스처

앉아서 바지를 잡아당기는 제스처

바지를 잡아당기는 제스처는 결정을 내리는 과정과 관련이 있다. 어떤 사람이 마음속에서 결정을 생각하고 있을 때는 역시 의자에서 안절부절 못하면서 지나치게 바지를 홱 잡아당길지 모른다. 결정이 내려진 후에는 바지를 잡아당기는 동작이 그친다. 이 버릇을 척도로 이용하면 상대방이 언제 결정을 내릴 것인가를 판단할 수 있다. 아주 드물게는 우유부단함을 전달하는 사람들에게서 여러 가지 제스처로 이 버릇이 발견되었다.

호주머니 속에서 돈으로 짤랑짤랑 소리를 내는 제스처

샌더 펠드만 박사는 호주머니 속의 돈으로 계속 짤랑짤랑 소리를 내는 사람들은 돈이나 돈의 부족과 깊은 관계가 있다고 관찰했다.

라스베가스의 도박장을 방문해 본 사람은 도처에서 주사위나 슬롯 머신 또는 다른 게임을 하는 사람들의 호주머니 속에서 돈이 짤랑짤랑 거리는 소리를 쉽게 기억할 수 있다. 세미나의 한 참석자는 자신의 개인적 친구인 영화사 간부 루이스 B. 메이어가 바지 호주머니 속에서 계속 동전으로 짤랑짤랑 소리를 냈었다고 말해 주었다. 그가 메이어에게 그 이유를 묻자 '무일푼이던 때를 상기시키기 위해'라는 대답이었다.

거지들이 깡통에 담긴 몇 개의 동전으로 딸랑딸랑 소리를 내, 돈이 필요하다는 것을 어떻게 행동으로 전달하는지 주목해 보도록. 팁에 의존하는 서비스업 종사자들은 종종 손님에게 자신의 뜻을 전하기 위한 수단으로 짤랑짤랑 소리를 내는 일에 정신이 팔려 있는 듯하다. 동전을 받고싶지 않은 급사장들은 마치 지폐를 만져보는 것처럼 엄지손가락으로 같은 손의 검지손가락 끝을 비비는 제스처를 사용하는 것을 흔히 볼 수 있다.

귀를 잡아당기는 것(그림 49)

남의 말을 열심히 듣는 사람이 되고 싶다면 극복해야 하는 좀더 힘든 성향 중 하나가 말을 가로막고 싶은 충동이다. 우리는 1분에 650~700자를 들을 수 있는 능력을 갖고 있고 보통 1분에 150~160자의 속도로 말한다. 그리고 듣는 사람은 평균 듣는 시간의 4분의 3을 무엇이든 현재의 이야기를 평가하고 인정하고 거부하거나 이의를 제기하면서 보낸다. 이야기를 가로막고 싶은 충동은 말하고 있는 사람이 무언가 감정적으로 듣는 사람에게 영향을 미치는 말을 할 때마다 크게 증대된다. 이때 듣는 사람은 자신이 이야기를 중단시키고 말

그림 49. 중단제스처

을 하겠다는 것을 몸짓으로 나타낼 수도 있다.

  누구나 그것이 말을 하는 사람이나 듣는 사람 모두에게 무척 힘든 일임을 알 수 있다. 만일 말을 하는 사람이 듣는 사람에게 관여하고 싶은 정도로 동기를 부여한다면 이제는 듣는 사람이 역할을 바꾸고 싶어하기 때문에 그것을 받아들이기가 고통스럽다. 반면에 만약 말을 하는 사람이 부정적인 가시돋힌 말이나 불안을 낳는 진술로 듣는 사람의 감정을 자극한다면 무시되거나 거절되는 위험을 무릅쓰는 것이다. 마지막으로 말을 하는 사람이 듣는 사람에게 동기를 부여하거나 연루시키거나 어떻게든 자극을 주지 않는다면 청중은 눈을 뜬 채로 잠들 수 있다. 의식적으로 비언어적인 메시지를 인식하는 것은 이러한 어려움들을 제거하기 위해 필수적이다.

우리는 모두 이야기를 훌륭하게 잘 하는 사람이 되고 싶어한다. 만일 희생을 할 각오가 되어 있다면 이것을 이룰 수 있다. 즉, 상대방이 대화 중단 제스처를 보일 때면 말을 그치고 그 사람으로 하여금 말하게 한다.

그 제스처에는 약간씩 다른 변형들이 있다. 무언가 할 말이 있다는 표시로 손을 드는 국민학교의 관습은 우리의 대화 중단 행동에 지속적인 영향을 미쳐왔다. 우리는 비록 그 치켜든 손의 제스처가 과거나 현재나 말을 하고 싶다는 신호로 즉각 인정됨을 깨닫지만 대부분은 그것을 취소한다. 손은 일단 10 내지 15센티미터 올려지면 보통은 즉각 원래의 위치로 돌아오지 않고 귓볼로 가는 경향이 있으며 미묘하게 잡아당기고 나서 출발점으로 되돌아온다.

반면에 입술을 막는 사람들은 마치 입술을 봉해 나오는 말을 중단시키기 위한 것처럼 검지손가락을 입술로 가져간다. 대화 중단 제스처로 머리 부분을 만지게 되는 것을 삼가하는 이들은 대개 그저 약간 쉬고 있는 손가락을 위로 튀기고는 물러나게 한다. 중단 제스처는 한마디도 말해지지 않고 여러 번 반복될 수 있다. 극단적인 행동으로는 발언권을 원할 때 연사의 팔뚝에 손을 얹고 육체적으로 제지하는 제스처이다.

중단 제스처를 알아차리고 그것을 듣는 사람의 관여 신호로 인정하는 것이 전하고자 하는 메시지나 커뮤니케이션에 불리한 영향을 미치지는 않는다. 반대로 그 중단이 파괴적이 아닌 한 듣는 사람의 개입으로 이해가 얼마나 잘 되고 있는가와 커뮤니케이션에 대한 가장 큰 저항 부분을 알게 된다.

듣는 사람의 중단 제스처에 반응하면 그 과정에 적극적으로 참여하도록 허락하는 것이기 때문에 이야기를 훌륭하게 잘 하는 사람이라고 여겨질 것이다. 철학자 제논이 관찰했듯이

"우리는 더 많이 듣고 덜 말하도록 두 귀와 한 입을 갖고 있다."

경고 : 초조하게 귀를 잡아당기는 것을 흔히 있는 중단 신호와 혼동하지 말도록. 우리가 비디오 테이프에 녹화한 여러 사람들은 이 버릇을 가지고 있었고 비언어적으로 이야기를 중단시키고 싶다는 것을 전달하기 보다는 불안과 초조를 신호로 알리고 있었다. 중단 신호를 하는 사람은 대개 불안의 배출구로 귀를 잡아당기는 제스처를 사용하는 사람처럼 그것을 규칙적으로 반복하지 않는다.

자제

> "자제의 사용은 기차 브레이크의 사용과 같다. 자신이 틀린 방향으로 가고 있음을 깨달을 때는 유용하지만 그 방향이 옳을 때는 단지 해로울 뿐이다."
> —— 버트란트 러셀의 「결혼과 도덕」에서

우리가 어린 나이에 배우는 인내와 참을성은 목표와 목적 성취에 필요하다. '자신을 되찾다'와 같은 표현들은 평범하다. 우리는 좌절을 극복하고 냉정을 잃지 않기 위한 도구로 인내와 참을성을 사용한다. 그것들은 우리로 하여금 한 역할을 맡아 사회적으로 인정 받을

그림 50. 자제 제스처

만한 방식으로 행동하게 한다.

분노하고 좌절하거나 그렇지 않으면 불안한 사람들은 그럼에도 불구하고 다양한 제스처 그룹의 사용을 통해 감정을 위장할 수 있게 되었다. 등 뒤로 한 팔을 잡고 다른 손으로 손목이나 팔을 꽉 붙잡으면서 그 손을 단단히 움켜쥐는 것은(그림 50) 발목을 꼬는 제스처와 마찬가지로 좀더 흔한 것 가운데 하나이다. 사업상이나 사교상의 많은 행사에서 어떤 사람이 긴장과 압력 또는 불안에 빠지기 쉬울 때 그러한 제스처를 발견할 수 있다.

젊은 세대는 '냉정을 잃지 않아야' 한다고 말한다. 불행히도 우리의 변화 지향적 문화 속에서 좀더 나이든 사람들은 이따금 변하는

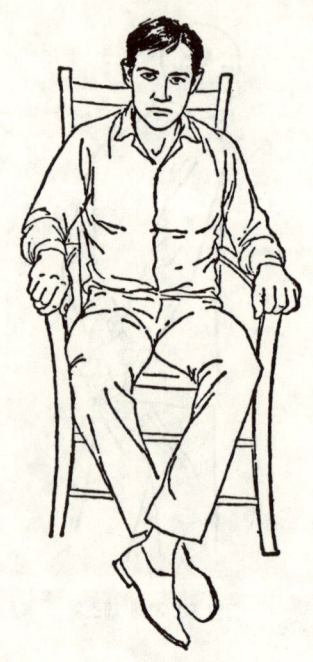

그림 51. 발목을 꼬고 손을 꽉 움켜쥔 제스처

가치와 다른 생활 방식에 적응하기가 힘들다고 느낀다. '냉정'을 유지하고 자제를 잃지 않는 것이 모든 관계에서 직면하는 문제이다. 이러한 유형의 환경은 많은 형태의 '자제 제스처'를 낳는 기름진 토양을 제공한다.

발목을 꼬고 손을 꽉 움켜쥐는 제스처(그림 51)

우리가 발목을 꼬고 손을 꽉 움켜쥐는 다양한 자세를 취하면서 세미나 참석자들에게 이 제스처가 무엇을 나타낸다고 생각하는지 말하라고 하면 변함없이 웃으면서 "화장실에 가야 하는 사람처럼 보인다"고 말할 것이다. 이것은 아주 적절한 말이다. 이들 제스처는 억제를 나타낸다.

실제 상황을 상상해 보자. 당신이 치과 대기실에 있다고 가정한다. 그때 발을 보도록. 발목이 꼬여 있는가? 아니라면 치과 의자에 앉아 있다고 상상하자. 지금은 꼬여 있는가? 아마도 그럴 것이다. 강렬한 느낌과 감정을 억제하고 있는 사람들은 발목을 꼬고 손을 꽉 움켜쥐는 제스처를 취한다.

최근 카키 마피아와 전세계 서비스 클럽들의 그릇된 관리에 대한 육군 조사에서 한 육군 중령은 선서를 한 다음 어째서 자신이 발견한 사실을 보고 하지 않았는가에 대한 심문을 받았을 때 자신의 위치를 이렇게 진술했다. "'발뒤꿈치를 꽉 붙이고 있으라'는 오래된 군대식 표현이 있다. 그것은 모든 것을 노출시키지 않아야 한다는 의미이다. 그 문제는 내가 알 바 아니다."

이 제스처를 논의하면서 항공 여행을 상당히 자주 하는 한 친구이자 동료는 비행기가 이륙할 때부터 착륙할 때까지 자신의 발목이 계속 꼬고 푸는 일련의 순서를 거친다고 고백했다. 그러나 그는 자신의 집이나 사무실에 있을 때는 좀처럼 발목을 꼬지 않는다. 자인하듯이 그는 항공 여행을 대단히 불안해 한다. 우리는 특별히 참가자의 발목에 관심을 쏟는 대결을 여러 번 녹화해 왔다. 그들이 발목을 꼬는 자세에 있었을 때에 우리는 비디오 녹화를 재생하면서 피실험자에게 그 제스처와 어떤 제안이나 반대 제안의 '억제' 사이에 어떤 관계가 있다고 느끼는지 물었다. 우리는 어떤 가능한 양보를 억제하고 있을 때 발목을 꼬는 사람들이 아주 많다는 사실을 발견했다.

예외적으로 항공기 스튜어디스들은 정말로 서비스를 원하지만 다

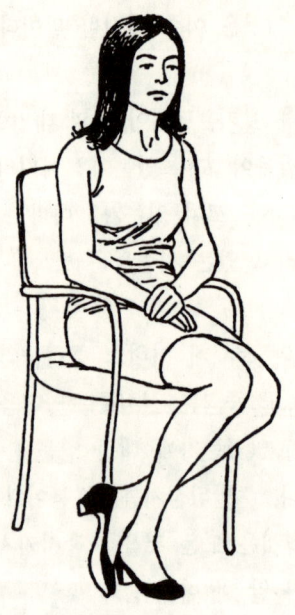

그림 52. 여성이 발목을 꼰 제스처

소 그것을 청하기가 부끄러운 사람들을 '읽을' 수 있는 것 같다. 스튜어디스들은 불안해 하는 승객을 알아볼 수 있다고 말하는데(특히 이륙 동안에) 발목을 꼬고 앉기 때문이라고 한다. 그러한 사람은 스튜어디스가 커피나 홍차 또는 우유를 제공할 때면 발목을 풀고 의자 끄트머리로 옮겨 앉기도 한다. 그러나 발목이 계속 꼬여 있으면 스튜어디스들은 그 거절하는 사람이 정말은 무언가를 원한다는 것을 감지한다. 그러면 여승무원은 재빨리 "정말이세요?"라고 응수한다. 이것은 그 승객에게 마음을 털어놓는 효과를 미친다.

일자리를 얻기 위한 면접이라는 당연히 긴장된 상황에서 많은 사람들은 남녀 모두가 발목을 꼬고 앉는다. 여성은 종종 남성과 다른 방식으로 발목을 꼰다(그림 52). 한 유명한 모델 양성소에서 모델들에게 아무리 면접시에 불편하고 짜증이 나거나 현재 상황이 불만스럽더라도 발목을 꼬고 앉지 말라고 충고해도 그들은 아주 어색하게 발목을 꼬았다.

한 치과의사는 다음 질문들에 대한 대답을 집계하면서 우리의 연구를 도왔다. 사람들은 치과의 의자에 앉을 때 얼마나 자주 발목을 꼬는가? 여자들은 얼마나 자주 발목을 꼬는가? 발목을 꼴 때 손은 어떤 자세인가? 어떤 유형의 환자가 발목을 꼬지 않고 앉는가?

그것에 대한 대답들을 집계한 결과 관찰된 150명의 남성 환자 가운데 128명이 앉자마자 즉시 발목을 꼬았다. 분석된 150명의 여성 환자 가운데에서는 오직 90명만이 처음에 발목을 꼬는 자세로 앉았다고 한다.

남자들은 발목을 꼴 때 골반 부근에서 양손을 함께 꽉 움켜쥐거나 의자의 팔걸이를 꽉 붙잡는 경향이 있었다. 여자들 또한 손을 꽉 움켜쥐지만 몸통 부분에 손을 얹는 경향이 있었다.

발목을 꼬지 않고 앉는 사람은 정기적인 치아 검진을 위한 약속이 되었고 아프거나 오래 걸리지 않을 것임을 알고 있는 사람이기 쉽다. 가끔 광범위한 치료를 받고 있는 사람은 네다섯 번의 방문이 있은 후에야 치과의사에 좀더 익숙해질 것이다.

또한 그 치과의사 친구는 치과의사가 진정제보다 이산화질소 가스를 사용하고 싶을 때는 언제나 환자에게 가스를 투입하기 전에 발목을 풀게 한다고 밝혔다. 이것은 꼭 필요한 조치로 그렇지 않으면 혈액 순환이 방해를 받아 가스가 충분한 효과를 미치지 못한다. 추가로 간호사들은 발목을 꼬고 손을 꽉 움켜쥔 채로 수술실에 들어가는 환자들은 대개 아직 그 불가피한 수술에 몸을 맡기지 않은 사람들이라고 말해 주었다.

어떤 사람들은 그 자세가 편하다고 말함으로써 발목을 꼬는 제스처를 합리화시키려 한다. 만일 그런 사람 가운데 하나라면 다음 번에 반듯이 누운 자세로 쉬면서 발목이 꼬인 것을 발견할 때는 발목을 풀고 좀더 쉽게 편안해지지 않는가를 확인한다.

팔을 억누르거나 손목을 꽉 붙잡는 제스처

사람뿐만 아니라 동물도 내부의 갈등을 표현할 때면 평범하고 쉽게 분간되는 행동 패턴을 거친다.

감정을 직접 표현할 수 없는 화가 난 사람은 욕구불만으로 목덜미를 문지르거나 머리를 긁는다. 곧이어 그는 주먹을 꽉 움켜쥐고 손목이나 팔을 잡거나 위협적으로 한 발자국 앞으로 나서지만 이 적의있는 자세로 꼼짝않고 있는 등 갖가지 행동(또는 위협적인 자세)을 할 수 있다. 결국 그는 방향을 고쳐 반응하면서 대신 다른 대상에 감정을 쏟아낼 수 있는데 예를 들어, 주먹으로 탁자를 내리치거나 발로 문을 차는 것이다. 이 제스처들은 '좌절'편에서 예시되는 제스처들과 유사하다. 이 갖가지 동작들은 우리가 다른 사람의 감정 상태와 관계되거나 대처하기 위해 알고 있어야 하는 제스처들이다.

어떤 사람이 위협적인 자세를 취할 때는 '때리는' 행동을 억제하려 하는 중이라고 믿는다. 그러므로 그 사람은 꽉 움켜쥔 손의 손목을 잡거나 팔을 등 뒤로 붙이면서 팔 전체를 억누를 것이다. 팔을 억누르는 사람은 대개 서 있는 자세로 그렇게 한다. 정말로 우리는 아직까지 앉아 있는 자세인 사람이 이 제스처를 하는 것은 보지 못했다. 그러나 손목을 꽉 붙잡는 것은 앉거나 또는 서서 나타낼 수 있는 제스처이다. 이 제스처는 피실험자가 양팔을 탁자 위에 올려놓고 앉아 있을 때 가장 자주 관찰되었다.

상호관계

"오, 감히 인간이 무슨 짓을 하고 있는가! 인간이 무엇을 할 수 있는가! 자신이 무슨 짓을 하는가도 모르면서 인간이 매일 무슨 짓을 하는가."
―― 셰익스피어의 「쓸데없는 야단법석」에서

권태

"우리는 종종 우리를 지겹게 하는 이들을 용서하지만 우리를 지겹게 여기는 이들은 결코 용서하지 않는다."
―― 라 로슈포코의 「격언」에서

 듣는 사람의 요구를 당신이 만족시키거나 아니면 지겹게 할 것이라는 사실을 깨닫는 것은 겁나는 일이다. 그래서 연사는 '안절부절 못하고' 연기자는 무대 공포증이 생긴다. 그러나 우리는 비공식적인 상황에서 소규모의 사람들에게 말할 때는 이 상반된 두 개의 가능한 반응을 완전히 잊어버리고 멋지게 우리의 동료들을 지겹게 만든다.
 규모가 크건 적건 청중의 관심을 불러일으키는 것이 얼마나 중요한가를 알고 있는 사람은 좀처럼 '관심의 부족'을 전달하는 제스처를 찾는 일을 잊어버리지 않는다. 사람들이 당신이 하고 있는 말이나 행동에 지루해 할 때를 분간하는 데 도움이 될 수 있는 제스처 그룹들이 있다. 그 나머지는 당신에게 달려 있다. 계속해서 지겹게 하거나 아니면 방향을 바꿔 그들이 당신의 생각에 관심을 갖게끔 시도하는 것이다.

테이블을 똑똑 두드리고 발로 툭툭치는 제스처

단조로운 리듬으로 테이블이나 책상을 손가락으로 두드리는 '북치는 소년'은 무언가 상대방에게 자신의 기분을 얘기하고 있는 것이다. 아마도 그와 아주 비슷하게 볼펜으로 딸깍딸깍 소리를 내는 사람들이 전달하는 것과 같은 것이다. 이 두 사람에다 발뒤꿈치로 바닥을 차는 사람, 발을 가볍게 흔드는 사람, 또는 발가락으로 톡톡 치는 사람까지 가세할 때는 정말로 신경질적인 리듬 합주가 되고 그 리듬은 끊어지지 않는다. 대신 끊임없이 커다랗게 강타하는 소리들만 있을 뿐. 틀림없이 적어도 이 네 사람 가운데 한 명은 어느 때인가 이 반복적인 소리로 남들을 짜증나게 했을 것이다. 아마도 당신은 스스로 직접 그 타악기 연주자의 역할을 했던 것 때문에 죄의식을 느꼈을지도 모른다.

이것은 '조바심의 제스처'이다. 일부 정신과 의사들은 우리가 참지 못하거나 불안할 때면 자궁 속에 있던 때처럼 안전하고 든든하게 느껴지는 원초의 생활 경험을 되풀이하려 한다고 믿는다. 그때는 어머니의 심장 고동 소리가 위안이 되었다. 그들은 우리가 안정감을 얻기 위해 똑같은 타입의 고동 소리를 만들어낸다고 말한다. 우리는 참을 수 없거나 불안하면 이렇게 반복적인 소리를 냄으로써 말없이 자신의 요구를 전달한다.

어떤 동료는 가장 가까이에 있는 나무 조각을 손가락으로 때리는 행동 때문에 '탁탁 때리는 사람'이라고 불렸던 한 노사 협상자를 기억한다. 사람들은 그가 탁하고 치는 소리와 그 속도의 증가나 감소로 쉽게 마음 상태를 읽을 수 있었다. 그는 박자가 지루해질 때는 연속적으로 네 개의 손가락을 모두 사용해 아주 빠른 속도로 탁탁 때렸다. 그러나 어떤 제안을 사려깊게 고려하고 있을 때는 단지 가운데 손가락만을 사용해 아주 가볍고 좀처럼 들리지 않게 탁탁 때리곤 했다. 협상의 결말이 가까워 오고 제안에 최종 점검을 하고 있다면 가운데 손가락으로 책상 위에서 티끌이나 어떤 낯선 물질을 집어올려 마치 "이걸 한 번 더 봅시다"라고 말하듯이 다른 손의 손가락들을 탁탁 때리면서 그것을 조사하고는 했다. 그 협상자는 더이상 노동 쟁의를 취급하지 않게 된 수년 뒤에야 옛 반대자로부터 무심코 속을 드러내는 자신의 제스처들에 관한 얘기를 들었다.

손으로 머리를 감싸는 제스처

권태를 알리는 다른 제스처들 중에는 손바닥으로 머리를 감싸면서 눈을 내리까는 자세(그림 53)가 있다. 이 사람은 구태여 현재 일어나고 있는 일에 대한 자신의 느낌을 감추지 않는다. 그는 단지 "아 슬프다!" 하는 후회의 제스처로 벌린 손을 머리 부분에 대고 고개를 끄덕이는 것처럼 아래턱을 내리면서 반쯤 눈을 감고 눈까풀이 축 처지게 된다.

낙서를 하는 제스처

업무 협상자들과의 연구에서 어떤 사람이 낙서를 할 때는 관심이

상호관계 145

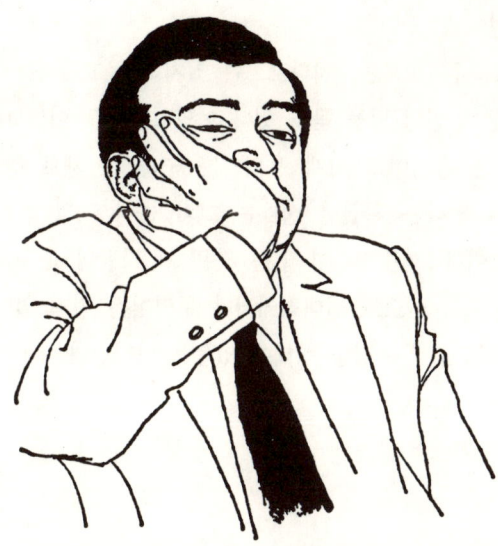

그림 53. 권태

적어지고 있음을 나타낸다. 낙서를 하는 것처럼 무엇이든 반대자들로 하여금 서로 쳐다보지 못하게 하는 것은 솔직한 커뮤니케이션을 방해한다.

   낙서하는 사람들은 대부분 기하학적이거나 추상적인 삽화 또는 예술작품을 좋아하고 평가하는 경향이 있다. 그러므로 그들의 듣는 능력과 그 커뮤니케이션 과정은 필연적으로 한층 더 위험에 빠진다. 우리는 극소수의 가능한 예외로 마치 손으로는 필기법 같은 독립적이나 서로 관계있는 방향을 추구하면서 대화를 계속할 수 있는 추상적인 사고가들을 관찰했다. 그러나 대부분의 기업인들은 추상적이기보다 오히려 구체적인 사고가이기 쉽고 순간적인 대화의 접촉이 유지될 때는 더 잘 알아차린다.

멍한 시선

권태의 또다른 표시는 '쳐다보고는 있지만 듣고있지는 않는' 시선이다. 이것은 당신의 말을 듣고 있다고 믿었던 사람이 보내는 되살아난 시체 같은 응시이고 이제 용의자는 눈을 뜬 채로 잠들어 있다. 그가 관심이 없다는 확실한 신호는 그의 눈이 거의 전혀 깜박이지 않는다는 것이다. 깜박거림이 없는 것은 그 사람이 눈을 뜬 채로 잠든 비몽사몽으로 극도로 절대적이거나 무엇이든 현재 일어나고 있는 일에 대해 극도로 무관심한 상태에 있음을 나타낸다.

인정

> "당신이 누구라는 것을 너무나 크게 말해서 당신이 하는 말을 알아들을 수가 없습니다."
> —— 랄프 왈도 에머슨

우리는 나 자신과 나의 생각, 말, 행동의 대부분을 기꺼이 받아들이는 사람들을 정말로 좋아한다. 그러나 남들이 우리처럼 사물을 보지 않고 거역할 때는 불쾌한 자극이 온다. 이러한 일이 일어날 때 우리는 자신이 한 어떤 말이나 깨닫지 못한 것이 원인이라고 생각하기보다 기분좋은 친구가 무언가 근본적으로 변했다고 믿는다.

우리는 가깝고 대체로 마음이 맞는 사람들은 '읽기'조차 어렵다. 우리는 그들에게서 거의 반대를 기대하지 않고 그들은 대개 거의 위협이 되지 않기 때문에 그들의 비언어적인 커뮤니케이션을 알아차리면 고통을 받을 수 있다. 많은 부부 관계에서 커뮤니케이션의 장애는

곤경을 야기시킬 수 있다. 그러나 책임이 있는 사람이라면 "혐오스럽다는 것을 아내가 제스처로 어떻게 알립니까?" 혹은 "남편은 혼자 있고 싶다는 것을 어떻게 신호합니까?"와 같은 간단한 질문들에 대답하려면 고생해야 할 것이다.

전쟁 전의 일본에서처럼 형식화된 문화에서는 아내가 남편에 대한 불만을 말로 나타내지 않았을 것이다. 대신 아내는 자신의 기분을 표시하기 위해 그저 꽃병에 꽃을 다시 꽂았을 것이고 남편은 이 신호로 읽는 방법을 알았을 것이다.

우리가 다른 사람들에게서 얻는 우호적인 반응과 인정 제스처는 사람들 태도처럼 재빨리 변할 수 있는 일시적인 성격의 확인으로 보아야 한다. 살아가면서 가장 당황하게 하는 상황 가운데 하나는 누군가가 마음에 든다고 생각했었는데 지금은 호전적으로 맞서는 것이다. 순간순간 그의 제스처를 자세히 읽으면서 그가 나를 자동적으로 지원할 것이라고 가정하지 않는 것이 보다 나은 이해에 이르는 길의 시작이다. 인정 그룹을 이루는 제스처들은 다음과 같다.

가슴에 손을 대는 제스처

가슴에 손을 대는 제스처(그림 54)는 분명히 입으로 한 말을 강력하게 확인하는 제스처 범주에 속한다. 수세기 동안 인간은 충성과 정직과 헌신을 전달하기 위해 손을 가슴에 대왔다. 이 제스처는 적어도 고대 로마시대로 거슬러 올라가는데 그때에 로마 군대의 충성에 대한 경례는 가슴에 손을 대고 인사를 받고 있는 사람을 향해 다른 손을 바깥으로 내미는 것이었다. 이 제스처는 미국인들이 국기에 대한 충성을 맹세할 때 사용하는 것과 비슷하다.

그림 54. 정직

　연출법의 분야에서는 확실히 가슴에 손을 대는 제스처를 인정해 왔는데 어떤 사람이 성실하고 정직하게 묘사되야 할 때마다 그것을 사용하고 있다. 판토마임 전문가들 또한 그것을 의미있는 솔직으로 본다. 어린 아이였을 때 선서를 하거나 친구들이 믿어주었으면 하는 말을 하던 때를 기억해 보자. 아마도 당신은 손바닥을 보이면서 손을 치켜들었을 뿐만 아니라 확인을 위해 다른 손을 가슴으로 가져갔을 것이다.
　그러나 여자들은 형식적인 경우를 제외하고는 진실이나 헌신 또는 충성을 나타내기 위해 좀처럼 이 제스처를 사용하지 않는다는 사실에 주의해야 한다. 대신에 여자가 한 손이나 양손을 가슴에 가져갈

그림 55. 만지는 중단 제스처

때는 대개 갑작스런 충격이나 놀람을 나타내는 방어적인 제스처이다.

만지는 제스처

만지는 사람들은 대부분 감정을 빨리 나타내는 경향이 있고 특별히 좋아하는 사람에게는 노골적이다(그림 55). 우리는 그저 손을 내밀어 다른 사람의 몸을 만지거나 어깨 또는 팔을 붙잡는 사람들은 이야기를 중단하거나 어떤 요점을 강조하고 싶어한다는 것을 깨달았다. 다른 사람들은 만지는 것을 대개 "자, 걱정마. 만사가 곧 좋아질 거야"와 같은 적절한 말이 동반되는 '진정 제스처'로 사용한다. 그러나 대부분의 사람들이 즐기는 제스처는 좋아하는 어떤 사람이 애정을 나타내서 함께 있는 것이 편안하다는 것을 나타내기 위해 몸에 손을 댈 때이다.

어떤 연구가들은 만지는 제스처를 안심에 대한 필요성으로 해석했다. 우리는 이것에 이의를 제기하지 않는다. 사교 행사에 참석하는 어떤 부부들은 애정보다는 안심의 제스처로서 만지고 손을 잡는 경향이 있음을 발견했기 때문이다. 유일한 결론은 만지는 제스처가 어떤 사람에게는 확인인데 어떤 사람들에게는 중단 신호이듯이 사람들마다 많은 다른 것을 의미한다는 것이다. 지나치게 감정적인 사람들을 진정시키기 위해 그것을 효과적으로 사용하는 이들이 있다. 그리고 많은 사람들이 좋아하는 사람에게 뿐만 아니라 소중한 재산에도 그것을 사용하면서 안심을 위한 접촉으로 이용한다.

다른 사람에게 좀더 가까이 다가가는 제스처

이 제스처는 간격을 좁히는 사람에 의한 하나의 인정으로 간주된다. 그 사람은 육체적으로 가까워지기를 원하거나 신뢰 속에서 어떤 공동의 관심이 공유되기를 원할 수 있다. 누군가가 어떤 화제에 대해 대단히 열정적이 될 때는 종종 그 열정이 점점 고조 되면서 좀더 가까이 다가간다. 그러한 상황에서의 어려움이란 상대방이 불편해져서 물러서기 쉽다는 것이다. 그러면 접근하는 사람은 즉각 그를 쫓아간다. 확실히 당면 문제에 정신을 집중한 그 열정적인 사람은 가끔 다른 사람이 자신을 거부하고 있으며 이미 거절했다는 것을 모르고 있다. 우리는 언제나 거리를 좁히려 할 때 다른 사람이 어떻게 반응하는가를 알고 있어야 한다. 그가 하는 비언어적인 암시는 계속 다가갈 것인가 혹은 물러설 것인가의 여부를 지시한다.

또한 다른 사람에게 다가가는 것은 그들의 대화가 남들에게는 비밀이라는 것을 비언어적으로 제3자에게 전달하기도 한다. 한 예로 조와 행크는 회사 경영진의 만찬 모임이 있기 전에 칵테일을 마시면서 사업상의 문제를 의논하고 있다. 그들은 발끝을 나란히 하고 거리를 아주 짧게 두고 서로 마주보며 서 있다. 다시 말해 그들은 다른 사람들이 끼어들기 어렵게 만드는 비공개의 자세로 서 있는 것이다. 비록 의논하고 있는 주제가 비밀이 아니고 조와 행크가 그밖의 사람들을 환영한다 해도 그들은 비언어적으로 자신들이 의논하고 있는 것이 사적인 것임을 전달하고 있다.

대조적으로 열린 문의 돌쩌귀처럼 멀리 떨어져 격의없이 공개적인 자세로 가까이에 서 있는 하워드와 존을 상상해 보자. 이것은 네다섯 명 또는 그 이상의 사람들이 각각 대화에 끼어들고 있는 칵테일 모임이 되는 타입의 자세이다.

구애

> "이들 모임에는 겉으로는 자신들이 가담하고 있는 대화에 완전히 정신이 팔려있는 것처럼 보이지만 반드시 이따금 딸들을 걱정스러운 곁눈질로 보고 있는 서너 명의 중매쟁이 엄마들이 섞여 있었다. 젊음을 최대한 이용하라는 어머니의 권고를 기억하는 딸들은 이미 어딘가에 스카프를 두고 잊어버리거나 장갑을 끼고 컵을 떨어뜨리는 등등 초기의 연애 유희를 시작했다. 그것은 명백히 사소한 문제들이지만 전문가들에 의해 놀랍게 이용될 수 있다."
> —— 찰스 디킨스의 「픽윅 페이퍼즈」에서

앨버트 E. 셰플렌 박사는 「정신 요법에서의 유사 구애행동」이란 기사에서 구애행동의 요소들을 논하면서 제스처를 읽는데 있어서 일치의 측면을 강조한다. 그는 다음과 같이 밝혔다.

열렬한 구애의 준비가 된 사람들은 종종 그것을 알아차리지 못한다. 반대로 성적으로 대단히 적극적이라고 생각하는 소질의 사람들은 종종 구애에 대한 준비를 전혀 입증하지 못한다. 구애의 준비는 대부분 근육의 뛰어난 건강 상태에 의해 분명하게 입증된다. 축 처지는 것이 사라지고, 눈가의 늘어진 살과 불룩함이 줄어들고, 몸통은 좀더 똑바르게 되며, 올챙이 배 때문에 기력이 떨어지는 일이 사라지거나 감소한다.

우리 모두 파티에서 구애하는 유희를 시도하는 두 사람 사이에서 이러한 종류의 일치(때로는 불일치)를 본 적이 있다.

몸단장을 하는 제스처는 대개 남자나 여자가 이성을 위해서 하는 행동들이다. 가장 좋은 첫인상을 주고 싶어하는 상황에서의 행동을 연구한 후에 우리는 비록 정도는 아주 크게 다르지만 몸단장을 하는 제스처를 보이지 않는 사람은 거의 없음을 깨달았다.

히피들의 단정치 못한 모습에 대한 많은 우스갯소리에도 불구하고 그들은 더이상은 아니라도 젊은 회사 간부가 브룩스 브라더스 양복으로 몸을 치장하는 만큼 멋을 부린다. 그들은 그 누구보다 다뤄야 할 머리털이 더 많으므로 끊임없이 머리를 매만지거나 또는 어깨나 이마 뒤로 넘기고 있는 듯하다.

우리는 거지들이 구제 자선기구에서 줄을 서서 기다릴 때 그들의 제스처는 우리가 상상하는 모습과 완전히 반대 상황이 일어나는 것을 발견했다. 그들은 가능하면 수심에 가득찬 모습으로 보이는 대신 몸을 똑바르게 하고 어깨를 펴고 옷을 손질하면서 더러는 안으로 들어가 공짜 식사를 받는 것이 너무나 자랑스러운 것처럼 보인다.

상호관계 153

그림 56-57. 여성 : "당신은 나를 아주 마음 편하게 해줘요."
　　　　　　남성 : 몸단장을 하는 제스처

　다른 사람에 대한 관심을 표현하기 위해 여성이 사용하는 제스처는 가지각색이다. 가장 흔한 것은 머리를 매만지고 손질하는 것, 옷을 매만지는것, 한바퀴 돌면서 거울 속에 비친 자신의 모습을 바라보거나 곁눈질로 보는 것들이다. 다른 행동으로는 교묘하게 엉덩이부위를 흔드는 것, 남성 앞에서 천천히 다리를 포개고 푸는 것, 장딴지나 무릎, 넓적다리 안쪽을 만지는 것 등이다. 한쪽 발끝에 구두를 걸고 미묘하게 움직이는 것은 남자에게 "당신 앞에서는 편안한 느낌이 들어요"라고 말하는 것이다. 이것을 시험하고 싶다면 다음에 어떤 여자가 이 제스처를 보일 때 그녀를 불안하거나 불편하게 할 것이라고 생각되는 말이나 행동을 하고 그녀가 얼마나 빨리 구두를 신는지 보도록. 또한 어떤 여성들은 다른 사람 앞에서 한 다리를 접고 앉음으로써 편안하다는 것을 전달할 것이다(그림 56). 이 제스처들은 모두 다른 사람과 관계되고 싶은 열망을 전달한다. 이들 제스처에 똑바른 시선이 결합되면 그 숙녀가 분명히 관심이 있음을 나타내는 제스처 그룹이 된다.

남자들 역시 다른 사람에 대한 관심을 전달하기 위해 몸단장을 하는 제스처를 사용한다. 남자는 넥타이를 똑바로 하고(그림 57), 상의 단추를 채우고 정돈하며, 앉을 때는 양말을 끌어올리고, 손톱을 검사하고, 어떤 청중이나 사람에게 보이기 전에 되는대로 스스로를 개인적으로 검사한다. 넥타이를 똑바로 하고 나서 몸을 펴고 아래턱을 위로 내밀 때 하는 제스처 그룹은 더욱더 자신을 다른 사람들에게 알리기 위한 것임을 알아챈다. 연예계에 있는 사람들을 관찰하면 종종 이 제스처 그룹으로 연기하는 것을 볼 것이다.

기대

"불참한 사람은 남들이 자기 얘기를 할 때 귀가 울린다."
―― 플리니의 「자연의 역사」에서

"근질근질한 손바닥."
―― 셰익스피어의 「줄리어스 시저」에서

아마도 우리 모두는 비언어적으로 무언가를 받는 기대를 표현해

왔고 그러한 경우에는(예를 들어 돈을 기대하면서 엄지손가락과 검지손가락을 서로 비비는 방식으로) 또한 자신이 얼마나 세련됐다고 믿든 상관없이 덜 의식적인 방법으로 그 기대감을 전한다.

예를 들면 많은 대도시에서 도어맨과 사환과 웨이터를 비롯한 서비스 종사자들은 자신의 메시지를 전달하기 위해 다양한 기대 제스처를 사용한다. 그 제스처는 명백하게 돈으로 짤랑짤랑 소리를 내는 것에서부터 고대 이집트 미술에서 볼 수 있듯이 몸 뒤에서 손바닥이 위로 뒤집어져 있어 우리가 이집트 자세라고 부르는 것까지 있다. 말과 이야기나 행동 따위의 일시적인 중단은 기대의 태도에서 대단히 중요하다.

호텔 사환은 "즐겁게 보내십시오"라고 말하고 나서 한동안 멈추며 손님이 말이나 현금으로 응답하는가를 보기 위해 기다린다. 또는 급 사장은 "스미스 선생님, 어디 선생님 일행이 앉을 수 있는 훌륭한 테이블이 있나 봅시다"라고 말한다. 이 암시를 알아채지 못하고 넘어가면 불친절한 서비스를 받는 결과가 올 수 있다.

손바닥을 비비는 제스처

어머니가 슈퍼마켓에서 산 과자를 잔뜩 실은 자동차를 집 앞에 세우는 것을 볼 때 어린이는 기대의 제스처로서 손바닥을 서로 맞비빌 가능성이 크다.

또는 비서가 메시지를 갖고 들어올 때 아주 중요한 간부 회의를 지휘하고 있는 60세의 회사 사장을 예로 들어보자. 그는 메시지를 읽은 뒤에 의자에서 일어나 손바닥을 맞비비며 "여러분, 우리가 그 큰 ××계약을 따냈습니다"라고 말한다. 우리는 종종 "손바닥이 근

그림 58. 손을 비비는 기대의 제스처

질근질근한 두 손을 다 내맡고 있다"고 묘사되면서 사업상의 윤리가 부족하다는 평판을 듣는 사람을 기억한다. 이것은 무언가를 받기를 기대하는 제스처로 근질근질한 손바닥을 비비게 해주어야 한다는 의미일 수 있다.(그림 58)

녹화된 협상시간 중에 한 참가자는 무언가를 기대한다는 것을 몸짓으로 알리면서 뜻밖에 재빨리 손을 비볐다. 우리는 협상 초기에 이 제스처를 보고 아주 놀랐다. 우리는 이때 프로그램을 중단하고 협상자들 사이에 미리 준비된 계획이 있었느냐고 물었다. 그들의 미소로 보아 정말로 양쪽이 사전 협의를 거쳐 합의에 도달했고 그들이 극도로 훌륭한 연기자들일 뿐만 아니라 협상자들임을 우리에게 확신시키기 위한 동작들을 수행하고 있었음이 발각되었다. 손을 비빈 동작은 우리에게 그가 앞으로 생길 일을 알고 좋아한다는 사실을 납득시켰을 뿐이다. 가끔 사람들은 어떤 활동에 착수하기 전에 씻는 동작으로 양손을 서로 비빈다. 손이 시려서 하는 동작이 아니라면 그들은 아마도 비언어적으로 그 활동에 대한 강한 흥미를 전달하고 있는 것이다. 어쩌면 바로 그 이유 때문에 많은 주사위 도박사들이 주사위를 굴리기 전에 양손에 넣고 비비는 것인지 모른다.

활발하지도 명백하지도 않지만 또다른 제스처로 젖은 손바닥을 천에 대고 천천히 문지르는 것이 있다. 이 제스처는 기대되는 신뢰를 전하기보다 초조함을 전달하는 듯하다. 스스로 불안하고 초조한 많은 사람들은 땀에 흠뻑 젖은 손바닥을 무언가에 대고 닦아낼 것이다. 남자들은 대개 바지를 이용하고 반면에 여자들은 대개 손수건이나 티슈를 이용한다. 법정에서 증언하는 증인, 처음으로 연설을 하는 사람, 또는 경기나 게임의 시작을 기다리는 운동가와 같이 스트레스를 받는 많은 사람들은 손바닥의 땀을 닦는 제스처를 연출한다.

손가락을 교차시키는 제스처

아마도 우리가 어렸을 때로 되돌아가는 제스처는 집게손가락에 가운데 손가락을 걸어 겹치는 행위이다. 그 제스처는 자주 "내가 또다시 거짓말을 하면 죽게 해달라고 빈다"는 주문과 함께 행해진다.

샌더 펠드먼 박사는 「연설과 제스처의 매너리즘」에서 이것이 "마법의 제스처이고 악을 물리치는 방어이다. 그 악이 우리의 내부에서 오든 또는 외부에서 오든 상관없이"라고 말한다. 비록 성인들은 보통 그것을 말의 한 형태로 이용하지만 이따금 그 제스처에는 말이 동반된다.

한 예로 항공 여행중에 어떤 승객은 착륙시에 오랜 지체로 유명한

한 대도시에서의 비행기 연결에 대해 말하면서 집게손가락에 가운데 손가락을 포개고 다른 사람에게 말했다. "잘 되도록 빌면 정말로 제 시간에 댈 겁니다." 또한 어린이들이 '선의의 작은 거짓말'을 하거나 행운을 빌 때에도 집게손가락에 가운데 손가락을 포개는 것을 기억하도록. 이 상황에서는 펠드먼 박사가 말하듯이 악을 피하기 위한 것이다.

그러나 성인들은 의식적이건 무의식적이건 업무적이거나 사교적인 상황에서 얼마나 자주 이 제스처를 할까? 생각하기보다 더 자주 그런다는 사실이 드러났다.

성인의 제스처는 보통 손가락을 빨리 겹쳤다가 푸는 아주 미묘한 것이다. 손가락을 겹치는 제스처는 어떤 개인의 요청이나 요구를 한 뒤에 그것이 허락되기를 희망하는 의미로 집게손가락에 가운데 손가락을 살짝 겹치는 많은 긴장된 상황들에서 녹화되었다.

일부 라틴 아메리카 국가들에서는 손가락을 거는 제스처가 두 사람이 서로 아주 가깝다는 것을 뜻하기 위해 의식적으로 사용된다. 미국에서는 두 손가락을 포개지 않고 서로 붙이는 제스처에 "우리는 이만큼 가까워"와 같은 말을 덧붙이기도 한다.

관계와 상황

> "상황이란 인간의 힘에 겹지만 품행은 인간의 힘이 미치는 것이다."
> —— 벤자민 디즈레일리의 「콘타리니 플레밍」에서

　비언어적인 의미는 장소와 시간과 사람과 방법에 따라 변할 수 있다. 이제는 제스처 그룹과 태도들을 실제 상황에 맞춰볼 예정이다. 조작된 상황들에서 제스처 그룹과 태도들이 구체화되는 것을 보면 좀더 깊은 이해와 의미가 생길 수 있다. 이 장에서는 주로 관계를 다룰 것이며 다음 장에서는 약간의 예와 함께 일상적인 경험을 다루게 될 것이다.

부모와 자식

> "오, 부모는 자식들이 순진하다고 생각할 때 얼마나 헝클어지고 뒤얽힌 거미줄을 짜는 것인가."
> —— 옥덴 내쉬의 「하늘을 파랗게 만드는 것」에서

　어머니들은 아버지들보다 자식의 요구를 훨씬 더 민감하게 알아차린다고 한다. 빅토르 위고가 관찰 했듯이 "남자는 시각을, 여자는 통찰력을 가졌다." 결국 어머니들은 어떤 말을 사용하는 커뮤니케이션이 가능하기 전에 생후 2년 동안 아버지보다 자식의 비언어적인 커뮤니케이션에 더 반응해야 했다. 이 경험의 결과 어머니는 자식이 어떻게 느끼는가를 훨씬 더 정확하게 감지한다.

소리와 데시벨(역주·음향 크기의 단위) 정도는 종종 부모 자식의 관계에서 비언어적인 커뮤니케이션의 방법이다. 문을 쾅 닫는 것, 음악을 크게 트는 것, 비명을 지르는 것과 같은 것들에 의해 메시지가 전달된다. 그 외에 대개 어머니가 자식의 울음이 먹을 것을 원하는 것인지, 변화를 필요로 하는지, 몸이 아픈지, 아니면 아마 그저 피곤한 것인지 알 수 있다고 한다.

그러나 여러 실험들에서 어머니가 단지 자식의 울음에 근거해 메시지를 알아차릴 수는 없음이 나타났다. 이 테스트는 아이와 어머니를 격리시키고 어머니에게 테이프에 녹음된 다양한 아기의 울음소리를 제시해 확인해 본 것으로 이루어졌다. 그러한 상황에서 어머니는 울음소리들을 서로 구별할 수 없었다. 그러나 이해하기 어렵지는 않다. 메시지가 단 하나의 말이나 소리 또는 제스처로 제한되어 있을 때에 그 메시지를 받아들이려 애쓰는 어떤 다른 사람보다도 어머니가 더 잘하리라고 기대해서는 안 된다. 어머니의 능력은 제스처 그룹과 메시지의 조화와 울음소리가 관련된 상황에 달려 있다. 어머니는 자식의 요구를 이해하고 만족시키기 위해 이 모든 커뮤니케이션 장치들을 이용한다.

나중에 어머니는 청소년기에 들어선 자식이 노래부르고, 휘파람을 불고, 콧노래를 하고, 라디오를 틀고, 또는 다른 소리가 나는 활동들에 열중하는 모습을 보고 기분이 어떠한가를 알 수 있다. 가끔 어머니의 느낌은 남편의 것과 완전히 반대일 수 있다. 이것의 한 예로 자식이 특별히 소득없는 부모와의 싸움 끝에 집을 나갈 때와 이와는 대조적으로 놀러가기 위해 집을 나갈 때 문을 쾅 닫는 것에 들어 있는 각각의 다른 의미들을, 많은 아버지들은 문을 쾅 닫는 것을 하나의 범주 속에 넣는 경향이 있고 반면에 어머니들은 다른 형태들을 본다.

우리의 연구에서 거의 모든 부모들은 자식이 무언가를 감추려할 때 제스처가 가장 뚜렷하게 보인다고 말했다. 예외없이 모든 부모들은 "아이가 거짓말을 하거나 무언가를 비밀로 하려 할 때는 안다"고 말했다. 그들에게 어려운 것은 제스처나 소음과 얼굴 표정의 견지에서 그것이 무엇인가를 설명하려는 것이었다. 언급된 가장 흔한 버릇들은 부모를 쳐다보지 않는 것, 눈을 자주 깜박거리는 것, 말하면서 입을 가리는 것, 경련을 일으키는 것, 아래를 내려다보는 것, 어깨를 으쓱하는 것, 계속 침을 삼키는 것, 입술을 축이는 것, 계속 헛기침을 하는 것, 코를 비비는 것, 말하면서 머리를 긁는 것, 목에 손을 대는 것, 그리고 목덜미를 쓰다듬는 것이다.

우리는 연구의 방향을 반대로 바꾸어 많은 어린이들에게 가장 거짓말을 하기 힘든 상대가 누구냐고 물었다. 어린이들은 만장일치로 그것이 부모였다고 대답했다. 가장 거짓말을 하기 쉬운 상대가 누구냐는 질문에는 할머니와 할아버지라고 응답했다.

그림 59. 포옹은 또다른 포옹으로 이어진다.   그림 60. 말이 필요없는 제스처

연인

 방안에 가득한 사람들 속에서 어떤 사람들이 부부이고 어떤 사람들이 부부가 아닌가, 어떤 사람들이 열렬한 연인 관계이고 어떤 사람들이 그렇지 않은가, 어떤 사람들이 서로 편안해 하고 어떤 사람들이 그렇지 않은가, 어떤 커플이 오히려 둘이서 집에 있고 싶어하고 어떤 커플은 그렇게 하지 않을 것인가를 알 수 있을까?
 어떤 사람은 사랑에 잘 어울리고 어떤 사람들은 서투르다. 우리는 사랑이 의미있다는 사람들에게서 특유의 일정한 버릇과 제스처가 생긴다는 것을 알아냈다(그림 59~61).
 어떤 모임에서는 미혼 여성들보다는 기혼 여성들이 다른 여성과

그림 61. 응시와 접촉

두 사람씩 짝을 짓는 경향이 있고, 미혼이거나 독신인 여성들은 남자와 짝을 짓는 경향이 있다. 두 명의 독신 여성이 대화하는 경우는 거의 드물고 대화를 한다 해도 짧다.

결혼을 하지 않은 커플들은 마치 모인 사람들에게 자신들이 서로 연인이라고 신호하는 것처럼 저녁시간의 대부분을 내내 함께 있는 경향이 있다. 방금 전에 다투어서 긴장된 관계임에도 불구하고 그 행사에 참석하고 있는 커플들은 서로에게 아주 의례적이기 쉽다. 만일 서로에게 미소를 짓는다면 치아를 드러내지 않는 부자연스러운 미소이다. 일반적으로 사이가 별로 좋지 않은 부부나 독신자 커플은 그다지 자주 서로의 몸에 손을 대지 않고 한 사람이 그렇게 할 때는 다른 사람이 재빨리 만져진 손이나 팔을 뒤로 빼는 반응을 보인다.

앞서 언급했듯이 만지는 것은 소유권을 나타내며 확신이나 관심의 제스처이다. 그러한 신호를 보내는 사람은 관심에 대한 필요성을 이해하면서 받는 사람을 안심시키고 있는 중일 수 있다. 관계자들이 사이가 좋은 경우에는 한 사람이 부드럽게 꽉 쥐면 다른 사람도 그렇게 한다.

영장류의 동물에 관한 연구에서는 만지는 제스처가 비공격적이고 달래는 것임이 밝혀졌다. 로렌스 케이 프랭크는 「촉각에 의한 커뮤니케이션」이란 논문에서 성격 발달에서 촉각 경험의 중요성을 보여준다. 그는 유아기에 만족되었던 방식에 따라 우리의 요구가 달라짐을 발견했다. 촉감에 의한 커뮤니케이션의 빈도수 증가를 볼 수 있는 것은 사랑을 할 때와 청년기이다. 사랑을 하는 관계의 아주 강한 측면들이 그 만지는 제스처와 만져지고 싶은 욕구임을 쉽게 알 수 있다.

앨버트 셰플렌은 사람들이 의자를 적당한 장소에 놓고 서로에게 몸을 기울이거나 가끔은 다른 사람들을 차단하는 것처럼 의자나 손발을 배치하는 것으로 구애를 위한 자세를 취한다고 관찰했다. 셰플렌은 구애를 위해 몸단장을 하고 위치를 정하는 외에도 구애를 호소하거나 유도하는 행동들이 있음을 알았다. 이러한 유혹은 대개 장난스런 눈짓, 시선을 끌기, 점잔빼는 제스처, 머리를 곧추세우기, 골반을 좌우로 흔들기 등이다.

여성들에게서는 다리를 포개기, 넓적다리를 약간 노출하기, 엉덩이에 한 손을 얹기, 손목이나 손바닥을 내보이기, 가슴을 내밀기, 손가락으로 넓적다리나 손목을 천천히 쓰다듬는 동작들이 발견되었다.

타인

> "나는 우리가 차라리 타인들이었으면 한다."
> ── 셰익스피어의 「뜻대로 하세요」

어빙 고프만은 「공공 장소에서의 행동」에서 흥미있는 관찰을 했다.

"일반적으로 어떤 사교적인 상황에서 서로 아는 사람들은 얼굴을 맞대지 않을 이유를 필요로 하는 반면에 모르는 사람끼리는 서로 얼굴을 마주할 이유를 필요로 한다."

타인들 사이에서 비언어적인 커뮤니케이션의 양을 결정하는 요인은 어느 한쪽이 어떤 관계를 고려하고 있는가이다. 예를 들면 저녁 늦게 동시에 전철에 오르고 있는 두 타인들은 서로 대단히 불안해 하면서 눈을 마주치지 않도록 조심할 수 있다. 우리가 말했듯이 눈의 접촉은 가끔 대화와 관계로 이어지는 인정을 의미한다. 이 두 승객은 비록 서로 그 상황에 대해 불안한 감정을 공유하고 있긴 해도 시선을 교환하지 않음으로써 서로에 대해 관심이 없음을 전달하고 있는 것이다.

반면에 만일 한 사람이 안심을 얻고 싶다면 우선 상대방을 바라보고, 헛기침을 하거나 눈을 깜박이면서, "이렇게 늦은 밤에는 전철이 혼잡하지 않군요" 또는 "수많은 사람들에게 이리저리 밀리지 않으니 이상한데요"와 같은 무난한 말을 하는 제스처 그룹을 보일 수 있다. 각자가 서로에 관해 느끼는 불안함의 정도, 그들의 연령과 성별, 대화를 나누는 것에 대한 각자의 태도 등에 따라 이 상황은 의심스런 표현에서부터 좀더 영구적인 관계에 이를만한 흥미있고 자극적인 대화까지 무엇이든 불러일으킬 수 있다.

우리는 다양한 도시에서 다른 비언어적인 개시 신호가 사용되고 있음을 알았다. 차이가 있다는 사실을 이해하면 다소 곤란한 상황들에 처하지 않을 수 있다. 최근에 우리는 비행기로 애틀랜타에서 뉴욕으로 여행하는 동안 대단히 우아한 남부 숙녀와 토론하면서 이 요인에 부닥쳤다.

그녀는 사람들이 서로에게 나타내는 무관심 때문에 뉴욕에 가는 것이 싫은 듯했다. 그녀가 말했다.

"게다가 특별히 사람들이 쳐다보지 않으니까 내가 존재하지 않는 것처럼 느껴지는 것이 유쾌하지 않아요. 왜 남부에서는 일부러 사람들을 쳐다보고 알다시피 미소를 짓잖아요."(정말로 애틀랜타의 피치트리가는 사람들이 자주 미소를 짓는 장소로 관찰되었다.)

우리는 그 숙녀가 뉴욕시 사람들의 '비우호적'이라고 부른 것에 대한 실망을 설명한 후에 개인들의 비언어적인 신호는 도시와 지방과 나라마다 서로 다르다는 것을 설명했다.

뉴욕과 도쿄처럼 인구밀도가 높은 지역들에서는 사람들이 서로를 무시하고 있다는 인상을 준다. 새로 이사온 사람은 그 제스처가 완전한 무관심을 의미한다고 받아들일 수 있다.

그러나 1965년 뉴욕의 정전 때처럼 위기의 기간 동안에 혼잡한 도시에서 사람들이 어떻게 반응하는가 보기 위해 실시된 실험들에서 압도적인 대다수의 사람들이 다른 어려운 사람들을 돕는 반응을 보인다는 것이 밝혀졌다. 겉은 딱딱한 껍질 같은 이 '착한 사마리아인들'은 그런 때에 진정한 본성을 드러낸다. 사람들이 서로 더 의존하고 남부나 서부식 '친절'이 유행하는 인구밀도가 덜 높은 지역들에서는 미소와 윙크와 "안녕하세요"하는 따뜻한 인사와 같은 신호들이 보통이다. 그러나 뉴욕 사람은 아마도 낯선 사람이 이런 식으로 인사를 해온다면 깜짝 놀랄 것이다.

술집에서 사람들의 제스처를 관찰하면 아주 흥미있다. 술집의 위치는 아주 중요하다. 만일 술집이 공항에 있다면 러시아워에 전철의 모습과 비슷한 장면이 연출된다. 미친듯이 서로 밀고 시선을 마주치지 않으면서 똑같이 일반적으로 사람들이 생각에 잠겨 주위를 잊고 있는 그림이 만들어진다. 바텐더는 이것을 의식하고 손님들과 관계를 맺기보다는 오직 본연의 임무에만 관심이 있는 사람처럼 술을 따르고 판매 매상을 올린다.

호텔 바에서는 종종 우리가 '사냥꾼의 자세'라고 부르는 자세를 취하는 사람이 적어도 한 명은 있다. 이 친구는 대개 바의 모서리에 앉아 후보자들이 앞에서 누비고 다니는 모습을 구경하면서 평가한다. 그 모든 행동들은 직접 그의 앞이나 옆에 있으므로 그는 눈을 최대한 효과적으로 이용할 수 있다. 반면에 수줍은 사람은 거울로 훔쳐보면서 바에서 벌어지고 있는 일들을 계속 주시한다.

남자 사냥꾼과 짝을 이루는 것은 자신의 시야가 가려지지 않도록 자리잡는 여자이다. 그러나 만일 그 여자가 매력적이라면 장애가 있다. 남자들이 술을 사겠다고 제안할 것이기 때문이다.

이러한 일이 일어날 때 그녀는 분명히 그 제의를 거절하고 여전히 자신에게 어울리는 남자에게나 관심이 있다고 전달한다. 가끔 그녀는 제의를 거절하면서 동시에 자신이 선택한 사람에게 아마도 "바로 당신이에요"라고 말하는 듯한 표정으로 어떤 신호를 보낸다.

상사와 부하

> "사업을 하는 사람은 근심 걱정의 무거운 짐이 죄의식의 중압처럼 마음을 누르고 있어서 범죄자의 심란하고 불안한 태도와 서두르는 기분을 모두 갖고 있다."
> —— 윌리엄 해즐릿

많은 상사와 부하의 관계에서는 흔히 영역권의 권위라고 불렀던 것이 지배한다. 부하가 위협을 받는다거나 불안정하다고 느낄 때 상사가 공격적일수록 제스처의 역할이 더 과장되는 것 같다. 그때는 퇴보적인 연쇄반응이 일어나 어느 쪽도 물러날 수 없고 이길 수 없는 '엎치락 뒤치락하는' 대립이 된다. 아마도 그들 모두 자신의 요구가 만족되지 않고 너무 덜 인정하기 때문에 둘다 패배할 것이다.

첫 악수에서 우위가 표현될 수 있다. 누군가 당신의 손을 단단히 움켜쥐고 자신의 손바닥이 위로 가도록 뒤집는다면 신체적인 지배의 형태를 시도하는 중이다. 어떤 사람이 당신에게 손바닥을 위로 한 채 손을 내민다면 기꺼이 부하의 역할을 받아들이겠다는 것을 나타내는 중이다.

일전에 한 세미나 참가자는 다른 사람이 앉아 있을 때 우뚝 서 있지 않는 것이 얼마나 중요한가를 결코 깨닫지 못했다고 말했다. 그러면 "다른 사람이 당신의 면전에서 왜소하게 느껴지도록 하는 경향이 있고 비언어적으로 당신의 위치가 우위임을 전달하는 듯하기 때문"이다. 그는 많은 사람들이 다른 사람이 그러한 자세를 취하는 것을 불쾌하게 여긴다는 것을 알아냈던 것이다.

책상에 발을 올려놓는 제스처 또한 상사와 부하의 관계에서 종종 발견된다. 이 제스처가 사용될 때 탁자에 발을 올리지 않은 사람들이 이 거만한 권위적인 자세에 대해 보이는 반응은 대개 부정적이다. 일반적으로 부하는 그것을 불쾌하게 여기고 상사라면 묵인하겠지만 대등한 위치의 사람은 무관심 할 수 있다.

많은 상사와 부하의 관계 중에서 특별히 오래된 관계라면 얼굴 표정이 몸의 제스처를 능가하는 경향이 있다. 한 예는 상사가 부하의 '엄청난 돈을 벌 수 있는 아이디어'를 받아들이지 않을 때에 눈썹을 치켜올리면서 고개를 약간 갸웃하는 의심의 표정이다.

또는 상사가 시선을 피함으로써 무의식적으로 부하에게 시간이 다 되었음을 전달할 수 있다. 만일 부하가 민첩하지 못해 그 신호를 알아차리지 못하면 그때는 제2단계에 의존해야 할 것이다. 즉, 체중을 옮기고 어쩌면 시계를 흘깃 보면서 큰 한숨을 내쉬는 것이다. 만일 어떤 이유에서 아직도 메시지가 통하지 않는다면 일어서거나 마치 따로 챙겨두는 것처럼 서류들을 집어들고 나서 무뚝뚝하게 부하에게 달리 볼 일이 없느냐고 묻거나 혹은 좀더 외교적으로 틀림없이 또다시 면담 약속을 할 기회가 있을 것이라고 할 수 있다. 빈틈없는 사람은 이 정도까지 갈 필요가 없다.

무뚝뚝한 태도는 양측 모두에게 존경의 상실을 가져올 수 있다. 상사는 분명하게 보내진 제스처를 알아차리지 못하는 직원이 얼마나 우둔한가 의아해 한다. 부하는 상사에게 바보 취급 당한 느낌이면서도 방문시간이 초과되었다는 신호를 알아치리지 못한 자신에게 화를 내면서 나간다.

그림 62는 분명히 많은 문제들에 정신이 팔려있는 한 회사 간부를 보여 준다. 만일 상사의 사무실에 들어갈 때 그가 이 자세인 것을

그림 62. 몰두

보게 된다면 당신의 첫 느낌은 당연히 그를 혼자 있게 해야 한다는 것일 수 있다. 특별히 그에게 말하고 싶었던 이야기가 심각한 문제라면 더욱 그렇다. 당신은 그의 제스처를 읽고 그가 더 이상 문제들을 경계하기 전에 기다리기로 결정할지 모른다. 그러한 자각은 경력을 쌓는 데 있어서 아주 귀중한 자산이다.

한 세미나 참석자는 다음과 같이 보고했다.

"책상 위에 두 발을 올려놓고 일과는 아무 상관이 없는 이야기를 장황하게 해 직원들을 김새게 하면서, 우리는 할 일이 있고 몹시 그 일을 하고 싶다고 보내는 암시들을 전혀 입수하지 못하는 상사가 있

관계와 상황   171

그림 63. 상사와 부하관계. 어느 쪽이 상사이고 어느 쪽이 부하일까?

습니다."

상사와 부하의 관계에서는 주로 상사나 직원이 자신이 원하는 것에 열중해 정신을 집중하지 않고 이야기를 끝내고 나가야 할 사람임을 알리는 제스처의 커뮤니케이션을 받아들일 수 없기 때문에 상당한 시간이 낭비된다.

그림 63에서는 서 있는 사람이 상사이다. 그의 전체적인 자세는 앉아있는 사람들의 자세보다 더 편히 쉬는 자세이다. 그는 거의 책상의 뒤에 있기 때문에 따라서 부하의 영역을 침범하는 지배적인 자세

그림 64. 결산일

로 서 있는 중이다. 그는 무심코 손을 상의 호주머니 속으로 집어넣고 엄지손가락은 내밀고 있는데 유럽과 미국에서 흔한 또다른 자신과 권위의 제스처이다. 우리는 피실험자들이 둘다 앉고 서 있는 때 여러 번 이 제스처를 기록했다. 가끔 성격적으로 이 자세를 취하는 두 사람이 만날 때는 둘다 상대를 존중해 그 제스처를 삼가한다.

그림 64에서는 말을 하고 있는 사람이 부하들에게 "작년의 경영은 우리 기준에 못 미쳤다"고 말하는 상사이다. 그의 꽉 움켜쥔 주먹은 권위를 나타낸다. 그는 어떤 요점을 강조하거나 불쾌한 행실을 위협하고 있다. 또한 그는 서서 간부들을 야단침으로써 지배적 위치임을 보인다. 또한 각자 상의 단추를 채우고 있고 험상스러운 얼굴 표정을 하고 있는 것에 주목하도록.

그림 65는 또다른 상사와 부하의 관계를 보여준다. A에서는 사장이 직원에게 좀 보자고 손짓하는 중이다. B는 사장이 검지손가락으

관계와 상황 173

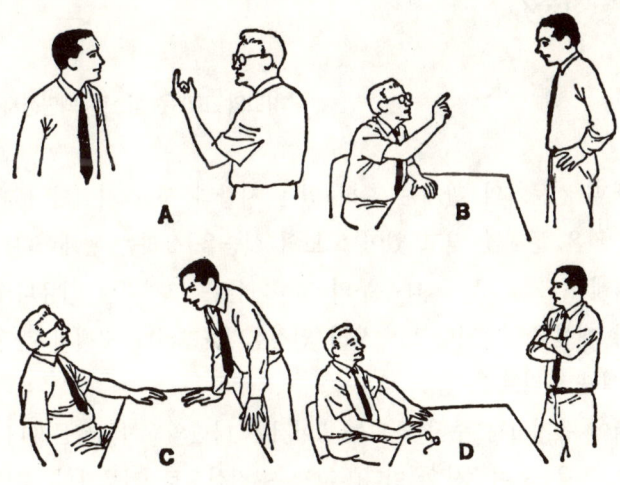

그림 65. 상사와 부하관계

로 직원을 훈계하거나 위협하는 과정에 있고 직원은 손을 허리에 댄 준비의 자세로 서 있다. C에서는 직원이 모욕에 반응하면서 공격적으로 책상에 손을 얹고 몸을 앞으로 숙이고 사장에게 그 상황에 대한 자신의 기분이 어떤가를 말한다. 사장은 직원이 감정을 폭발시킨 결과로 B의 자세에서 물러나 있다. D에서는 공격의 기회를 가진 후에 직원이 팔짱을 끼고 방어적인 제스처를 취한다. 상황이 퇴보되자 사장은 안경을 벗고 테이블 위에 손을 얹고 그 직원을 내보낼 준비가 된다.

고객과 전문가

"최고의 고객은 성스런 백만장자이다."

고객과 전문가의 관계는 흔히 있는 사람과 사람 사이의 문제들보다 더 많은 문제를 갖고 있어 고도의 신중을 요하는 관계이다. 변호사, 회계사, 고문 등등 대부분의 전문가들은 고객과의 커뮤니케이션 능력이 개선될 수 있다고 쉽사리 인정한다. 그러나 고객의 관점에서 그 관계를 바라보자.

고객이 유지하는 주된 태도는 "이것은 나만의 독특한 문제니 뭔가 새로운 것을 보여주시오"이다. 고객은 진심으로 전문가의 전문가적 의견과 지식을 믿고 싶어하지만 전에 사용되었을지 모르는 상술을 신용하지 않는다. 결과적으로 취해야 할 가능한 방향에 대한 초기의 제안은 종종 무시된다.

그러나 한편으로 그 역시 아마도 숫자와 복잡성에서 걱정이 되는 자신의 문제를 풀려고 상당한 시간을 보냈기 때문에 간단한 해결을 기대하거나 원하지는 않는다. 비록 관계되지 않은 사람에게는 그때로서는 그 해결이 최선인 것처럼 느껴질지 몰라도 말이다. 또한 고객은 대개 자신의 문제에 대해 '감'을 갖고 있는 누군가만이 도울 수 있다고 믿기에 전문가의 공감을 필요로 한다. 고객은 만일 전문가가 이 공감이나 감정이입을 경험하지 않으면 종종 사람들과의 접촉이 없다고 믿는다.

어떤 고객들은 오직 듣고 싶은 이야기만 듣고, 그 경우에 전문가는 단순히 고객의 무지한 사고를 확대하는 역할만 할 뿐이다. 고객은 가끔 진정한 문제나 또는 상상한 문제에 대한 건전한 접근법에 반대론을 펴기 위한 악마의 주창자(반대를 위한 반대를 하는 사람)를 원한다.

어떤 고객들은 전문가가 초자연적인 힘을 소유하고 있어서 마술지팡이를 휘두르면 모든 고민이 사라질 것이라고 믿는 것 같다. 이따금 고객들은 다른 시각을 가진 사람이 도울 수 있다고 믿거나 또는 호되게 비판을 받고 동시에 원래보다 더 이상한 형태로 되돌아가기를 원한다. 이렇게 다른 사람의 도움을 통한 자기 발견에 대한 갈망은 집단 감수성훈련 그룹과 강좌에 대한 엄청난 관심으로 설명할 수 있다. 사람들이 자신을 발견하고 자신이 다른 사람에게 어떻게 영향을 미치는가를 발견하기를 바라는 '완전히 공개된' 형태의 폭로가 요청된다. 이러한 형태의 교환에서 전문가들은 가끔 자신의 결론을 고객에게 가장 잘 전달하는 방법에 대한 딜레마에 직면한다.

고객과 전문가의 관계에서 나타나는 제스처들은 어떤 것일까? 무엇이 고객으로 하여금 걱정하게 하고 무엇이 흥미를 갖게 하는가? 전문가편에서 대단히 눈에 잘 띄고 아마도 가장 적절한 제스처는 중요성을 부여하건 안하건 상관없이 '고객이 하고 있는 말을 메모'하는 것이다.

또다른 제스처는 문제가 제기될 때 많은 전문가들이 거의 자동적으로 취하는 사색가 타입의 자세인 '얼굴에 손을 대는 평가 제스처'이다. 이것은 중요한 제스처로 고객에게 신뢰감을 불러일으킨다. 그것은 전문가가 관심이 있을 뿐 아니라 이미 고객의 곤경을 분석하기 시작했음을 보여준다. 그러나 이 제스처는 애매하고 거북한 상황이 있는데 두 전문가가 서로에게 그것을 사용하는 때이다. 전문가들은

그림 66. 링컨식 자세를 한 두 전문가

각각 긍정적인 반응을 얻는 대신 상대방이 꽤 까다롭게 굴면서 자신이 하고 있는 말에 대해 비판적이라고 믿는다.

법정과 맞서는 문제들을 다루는 최근의 한 TV 특집 프로그램에서는 두 변호사가 말 때문이 아니라 제스처 때문에 완전히 서로에게 흥미를 잃은 듯했다. 그들이 고객에게 똑같은 제스처를 사용했다면 아마도 효과적이었을 것이다. 그러나 또다른 변호사에게는 그것이 의심으로 해석된 것 같고 따라서 그들은 서로 의사를 전달하는 데 어려움을 겪게 되었다.

두 전문가가 '링컨식'의 무방비 자세를 취할 때는(그림 66) 아마도 전문가적인 관점에서 보아 위협받는다는 기분이 들지 않기 때문에 훨씬 더 기꺼이 의견의 일치를 볼 수 있고 서로를 덜 방해하는 경향이 있다. 많은 전문가들은 여전히 고객을 상대하는 것과 동료를 상대하는 것에 차이가 있다고는 생각하지 않는다. 그들은 부적절한 제스처를 사용함으로써 무심코 오해를 가져오는 커뮤니케이션을 보내고 있다.

고객쪽으로 몸을 내미는 것은 관심의 제스처이다. 그러나 거의 고객의 문제에 대한 무관심을 나타낼 수 있는 '뾰족탑을 만드는' 냉담한 자세로 의자에 깊숙이 앉아 있는 전문가들을 너무나도 자주 보아왔다.

그 외에 전문가는 고객을 막는 장벽 역할을 하는 커다란 책상 뒤에 앉아 있을 수 있다. 그러면 고객이 "이 사람은 내편이 아냐. 내 문제에는 관심이 없고 돈 버는 것에만 관심이 있어"라고 생각해도 나무랄 수 없다. 이것은 대부분의 전문가들이 대단히 헌신적인 사람들이고 정말로 관심이 있다는 사실과 모순된다.

점점 많은 수의 전문가들이 이러한 인상을 없애기 위해 친근한 분위기가 들도록 사무실의 배열을 바꾸고 있다. 고객과 좀더 강한 유대가 확립되고 문제 앞에서 적대감을 덜 불러일으키고 가능한 해결책이 논의되는 분위기를 조성하기 위해서다.

전문가는 고객에게 지배나 권위를 보이거나 박식한 체하는 태도를 취하면 안 된다. 고객이 미아처럼 행동하는 상황에서는 전문가는 재판관이나 아버지나 큰 형처럼 굴기 쉽다. 양복 상의의 깃을 잡는 것과 같은 제스처들은 고객에게 명백하게 이러한 태도로 보일 뿐만 아니라 "내 말을 이해합니까?"나 "분명하게 이해됩니까?"와 같은 표현의 말로 더욱 강해진다.

어떤 전문가들은 자신의 능력을 팔아야 하는 것처럼 느낀다. 그러나 대부분의 경우 아마 고객은 그에게 연락을 하기 전에 이미 평판을 조사했을 것이다. 그러므로 드문 경우를 제외하고는 굳이 자신의 능력을 보이려고 애쓰지 않아야 한다. 대신 고객의 문제와 요구가 무엇인가를 알아내기 위해 열심히 들으려고 노력하는 태도가 우선되어야 한다.

최근에 복잡한 협상에 직면한 유망한 고객이 우리에게 연락해 자신에게 필요한 것들의 윤곽을 그리기 위한 회의를 요청했다. 회의가 시작되자 그는 우리에게 '선서를 시킨 뒤에' 자격을 주었다. 즉, 그는 정부 기관들과의 계약 협상 분야에서 우리의 신용이 어떠한가를 알고 싶어했다. 우리가 그러한 경험이 있다고 진술한 뒤에 그는 우리의 관여와 결과들을 평가하려 했다. 우리는 아주 빨리 언어적, 비언어적으로 그 고객이 특별한 안심을 필요로 한다는 사실을 감지했다.

이러한 인식에 자극되어 우리는 그에게 어떻게 우리에 대한 이야기를 듣게 되었느냐고 물었다. 그러자 그는 다른 사람들이 우리에 대한 이야기를 했다고 말했다. 일단 이 절차가 끝나자 우리는 회의의 주목적인 고객의 요구에 착수했다. 만일 처음에 고객이 의자에 깊숙이 앉아 '증명해 보라'는 태도로 팔짱를 끼면서 비언어적으로 확신하지 않고 있음을 전달하는 것을 보지 못했다면, 그가 살 준비가 되어 있지 않은 상황에서 '팔려고' 시도 했을지 모른다.

'제스처로 전달되는 고객의 태도와 감정적인 염려를 인식하면 전문가와 고객의 관계가 양측 모두에게 극도로 만족스러운 경험이 될 수 있다.'

구매자와 판매자

 우리와 함께 비언어적인 커뮤니케이션을 논의한 많은 전문적인 세일즈맨들과 구매 담당자들은 고객이나 손님이나 판매자가 사무실로 걸어들어와 앉는 방식으로 무엇이 잘못되었는지 당장에 알 수 있다고 말했다. 그들은 세부 사항들을 자세히 토론한 뒤에야 비로소 그들이 이미 제스처의 해석에 대해 얼마나 많이 알고 있는가를 이해하기 시작한다.

 많은 전형적인 판매 거래에서 양측은 '나는 이기고 너는 질 것'이라는 태도를 취한다. 이것은 감정적인 반응을 높이는 원인이 된다. 그러한 상황의 윤곽을 그려보자.

 구매자는 책상에서 떨어져 의자에 깊숙이 앉아 팔짱을 끼고 다리를 포개면서 의심하는 듯이 말한다. "무슨 얘기를 하고 싶습니까?" 판매자는 그 말에 의자 끄트머리에서 일어나 두 발은 단거리 달리기 선수의 자세로 자신의 요점을 분명히 하기 위해 손을 흔들고 검지손가락을 사용하면서 '떠맡는' 태도로 몸을 앞으로 내밀 수 있다. 판매자가 이 제스처를 취해 접근했다면 특별히 강매에 가까운 판매를 지독히 불쾌하게 여기는 구매자라면 의심하게 되는 원인을 제공한 것이다. "어떻게 할 것인지 말해 주겠다"는 식의 접근법은 구매자로 하여금 한발자국 물러나 방어벽을 형성하게 한다.

 그 판매자는 대체 계획으로 바꾸거나 구매자가 관심을 갖도록 동기를 부여하기보다 자신의 아이디어가 받아들여지지 않기 때문에 불안하게 된다. 이때에 판매자의 제스처는 방어적이 되기 쉽다. 그는 책상에서 몸을 떼고 옆 모습이 보이도록 비틀면서 다리를 포개고 팔짱을 낀 다음 "왜 그러십니까? 이해 못 하시겠습니까?"라고 말하거나 "왜 그렇게 불합리하게 구십니까?"와 같은 쓸데없는 질문들을 할지 모른다. 이러한 종류의 질문은 두 사람을 더 멀어지게 하는 역할을 할 뿐이다.

이 단계에 이르렀을 때 판매자나 구매자가 문제를 해결하거나 합의에 도달하기 위해 감정을 개조하거나 풀 수 있을 만큼 전문가인 경우는 극히 드물다. 대신 "포기하거나 연기합시다"의 태도가 압도적이다. 종종 그 분위기는 아주 부정적이고 무겁게 되어 각각 상대방을 파괴의 원인이라고 비난하기 시작한다. 일상적인 상황에서는 이것이 우리가 "해결하지 못한 것은 다른 사람의 잘못이었다. 어떻게 그런 사람들과 함께 일할 수 있단 말인가?"라고 합리화하는 핵심이다.

비디오 테이프로 녹화되는 우리의 훈련 세미나에 참가하는 회사 간부들은 제2의 기회를 갖는다. 우리는 일어난 일을 녹화로 재생하여 협상이 어째서 어떻게 실패했는가를 객관적으로 검토할 수 있다. 자신의 실수를 보고 들을 수 있는 것은 참가자들에게 각각 앞으로의 실제 상황에서는 피할 수 있는 퇴보적인 진행에 대한 통찰력을 갖게 한다.

구매자이며 판매자이기도 한 일부 사업가들은 일단 이러한 형태의 보기에 의한 훈련을 접해본 후에는 반대자들보다 압도적으로 우월한 입장에 선다. 그러나 이것이 항상 맞지는 않는다. 그들이 갖고 있는 것은 단지 감정에 대한 보다 나은 이해일 뿐이다. 그들은 여전히 제스처의 일치를 읽고 시험하면서 평가하고 가장 중요한 것으로 그들 자신이 제스처에 어떻게 반응하고 있는가를 이해하는 능력을 개발해야 한다.

관계와 상황 181

그림 67. 세일즈맨이 본 구매 담당자

"그 모든 것을 종합한다"는 것은 아마도 우리가 바라는 것을 가장 잘 설명하는 말이다.

젊고 경험이 없는 세일즈맨들에게는 많은 구매 담당자들이 그림 67의 사람처럼 사람 잡아먹는 귀신 같다. 그리고 일부 구매 담당자들은 참가자라기보다 구경꾼처럼 행동하면서 상대가 어색해 하고 말을 너무 많이 하거나 단순히 재주를 부리게 되기를 좋아하기 때문에 이 특징적인 포즈를 취한다. 물건을 팔기 힘든 사람인가? 물론이다!

그러나 세일즈맨이 그의 요구를 다루는 질문들은 함으로써 그를 관련되게 할 수 있다면 얼음같이 찬 태도가 녹을지 모른다. 그렇지 않다면 구매자의 다음 제스처가 안경을 내려놓고("됐네! 나가게!"), 팔짱을 끼고("시간이 다되어 가네"), 또는 서류를 뒤적이기 시작하는 것("좀더 중요한 할 일이 있네")일 수 있다.

노련한 세일즈맨들은 판매자와 구매자 사이의 '간격을 좁히는 것'이 얼마나 중요한가를 안다. 그래서 그들은 대개 용케도 가능한 사진

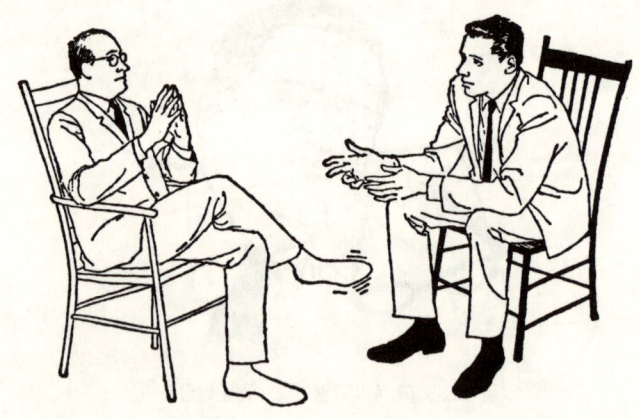

그림 68. 구매자와 판매자

이나 보고서나 다른 시각적인 소재를 제시한다. 그들은 그러한 것들을 갖고 책상을 돌아 구매자와 같은 쪽이나 직각인 곳으로 오려한다.

만일 구매자가 팔짱을 끼거나 어떤 다른 방어적인 제스처를 하면서 가까이 오는 세일즈맨에게 반응한다면 이것은 그가 불쾌하게 여긴다는 것을 전달한다. 세일즈맨은 맞은 편인 원래의 위치로 돌아가도록 주의해야 한다. 어떤 사람들은 책상 뒤의 지배적인 위치에 극도로 민감해 자신의 이미지를 유지하기 위해 싸울 것이다.

그림 68은 전형적인 구매자와 판매자의 관계에서 보일 수 있는 제스처 그룹을 나타낸다.

구매자는 판매자로부터 떨어져 의자에 아주 깊숙이 기댄 자세로 손가락으로 뾰족탑을 만들고 있는 중이다. 양복 상의는 단추가 채워져 있고 다리는 포개어져 마치 상대방이 하고 있는 말을 참을 수 없다는 듯 한 발을 흔들고 있다. 약간 찌푸린 얼굴은 판매자가 제시하고 있는 것을 사거나 받아들일 자세가 되어 있지 않음을 나타낸다.

판매자는 행동 지향적 자세로 몸을 앞으로 내밀고 있다. 양손의 손바닥을 위로 한 제스처와 단순한 미소와 단추를 열어 놓은 양복 상의는 그가 마음을 터놓고 있으며 구매자가 편안하게 느끼기를 바란다는 표시이다. 그는 판매 표시의 결정적인 단계에 도달했다.

만일 그가 지금 엉뚱한 얘기를 한다면 구매자가 가슴 위로 팔짱을 끼거나 올라간 발이 판매자에게서 떨어져 가장 가까운 출구를 향하도록 다시 다리를 포개면서 이것을 신호로 알릴 수 있다.

환경에 대한 이해

우리는 '매체 이해'라는 마지막 집중 훈련을 위한 준비가 되었다. 다음의 일부는 익숙하고 일부는 낯선 몇몇 전형적인 실제 상황들이다. 그러나 모두 사람들이 자신의 비언어적인 지능지수를 테스트하고 깨닫는 데 도움을 주도록 되어 있다.

관객이 없는 전화 제스처

우리는 관객이 있건 없건 상관없이 제스처를 한다. 전화를 걸고 있을 때에 이것이 가장 명백하다. 전화 수화기 코드에 주목해 본 적이 있는가? 줄은 아마도 꼬여 있을 것이다. 사람들은 왼손잡이든 오른손잡이든 제스처를 하기 위해 수화기를 이손에서 저손으로 옮기는 경향이 있다. 대화가 재미있고 실망적이고 열정적이거나 다른 방식으로 흥미있는 경향이 있을 때 사람들이 얼마나 많은 제스처를 하고 얼마나 더 자주 제스처를 바꾸는지 관찰해 보자.

1장의 공항에서의 관찰에서는 세 종류의 다른 제스처 그룹과 태도들(그림 1~3, P.11)을 연기하는 세 명의 통화자들을 보았다. 사람들이 전화를 걸면서 사용하는 다른 몇 가지 제스처들을 소개한다.

낙서하기

아마도 전화를 걸면서 단어나 숫자를 쓰거나 선이나 원 또는 무엇이든 그 밖의 것들을 그리지 않는 사람은 극소수이다. 추상적인 사고가들은 상징적인 표현을 할 수 있고 통화를 할 수 없을 정도까지 정신이 산만해지지는 않는다. 그러나 대부분의 사람들이 포함되는 구체적인 사고가들은 대화에 관심이 없을 때 낙서를 하기 쉽다.

흡연가의 제스처

흥미있는 대화에 열중하고 있는 흡연가는 거의 좀처럼 말하거나 들으면서 담배나 시가나 파이프를 쥐지 않는다. 대신 그것을 따로 두었다가 다시 집는다. 그러나 화가 나거나 동요하게 되면 자신이 피우는 것을 집어들고 재를 털 것이다. 그리고 정말로 당황하면 극단적인 적의의 제스처로 그것을 비벼끌 것이다.

몸단장을 하는 제스처

남성과 여성의 구애 제스처는 대화 도중에 절정에 이른다. 넥타이를 똑바로 하기, 옷을 단정히 하기, 머리를 정돈하기 등은 보통이다. 여자가 애인에게 통화중일 때 제스처는 한결같이 말하면서 거울 속에 비친 자신의 모습을 바라보는 것이다.

의자에서 몸을 좌우로 흔들거나 회전하는 제스처

우리가 아는 한 회사 간부는 전화로 말하면서 의자를 전후 좌우로 흔든다. 그는 대개 어떤 상황을 거의 지배하고 있다고 느끼거나 일이 자신에게 유리하게 해결될 것이라고 확신할 때 그렇게 한다. 그의 제스처는 일단 자기 만족이 방해를 받으면 불시에 변한다. 그는 흔들고 회전하는 움직임을 중단하고 주먹을 꽉 움켜쥐면서 물건을 집었다가 거칠게 내려놓는다.

책상에 발을 올려놓는 제스처

다른 사람 앞에서 스스로 지배적이거나 자신만만하다고 느끼는 사람들은 통화중일 때도 이 자세를 취한다.

책상 맨아래 서랍을 꺼내 발걸이로 사용하는 제스처

이 제스처는 대개 어떤 사람이나 상황을 '도와 어려움에서 헤어나게 함'을 나타낸다. 정말로 많은 공격적이고 목표 지향적인 경영 간부들이 통화중에 이런 방식의 제스처를 하면서 상당히 즐겁게 문제에 대처하는 듯하다.

책상 맨위 서랍을 열고 닫는 제스처

통화중에 복잡한 문제에 부닥칠 때마다 맨위 서랍을 열었다가 밀어넣는 한 회사 간부가 있다. 그는 이 제스처를 반복한다. 이것은 깊이 생각하는 제스처이다. 그는 어떤 해결책에 도달할 때는 서랍을 닫고 일어서 단호한 어조로 대답을 던진다.

일어서는 제스처

모든 전화 제스처들 중에서 아마 이것이 가장 흔할 것이다. 우리는 전화로 이야기할 때 대부분의 사람들이 생각하는 것보다 상당히 더 자주 수없이 일어선다. 우리는 결정을 내리면서, 놀라거나 충격을 받을 때, 그리고 대화가 지루하고 불안할 때 일어서는 경향이 있다. 이 그룹에 속하는 다른 제스처는 어떤 감정이 연루되어 있는가에 대한 단서를 제공할 것이다.

전화 통화를 하는 당사자를 보고 있으면 상대편 사람이 받는 정보보다 훨씬 더 많은 정보를 제공받을 수 있다.

법정

> "부디 인간의 말을 믿지 말라. 그렇지 않으면 아주 잘못된 결론에 도달할 수 있다. 그러나 항시 속임수가 없고 당연히 아무것도 있을 수 없는 인간의 얼굴은 신뢰하라."
> ― 조지 바로우

법원에서 구술된 것은 모두 필기되고 만일 판사나 한쪽 변호인에 의해 실수가 저질러진다면 그것이 항소심에서 제기되는 소재일 수 있다.

오래전부터 판사와 변호사들은 본심을 표현할 수 있으면서도 기록이 안 되는 많은 유형의 비언어적인 커뮤니케이션이 있다는 사실을 깨달아 왔다.

한 형사법원 판사는 피고를 유죄로 생각하는가 또는 무죄로 생각하는가에 따라 다른 방법으로 배심원들에게 설명할 것이다.

그는 자신이 무죄라고 생각하는 피고에게 유리한 설명 부분에 이르를 때는 일어설 것이다. 그러나 만일 피고가 유죄라고 생각한다면 피고에게 가장 치명적인 부분들을 강조하기 위해 일어설 것이다. 물론 (법원 관리들이 서서 설명하는 판사라고 불렀던) 그 판사의 서거나 앉아있는 자세는 법원 속기사에 의해 필기되지 않는다.

많은 성공적인 변호사들은 동료와 증인과 배심원들을 평가하기 위해 의식적으로 비언어적인 커뮤니케이션을 이용한다. 제임스 C. 애드킨스 판사는 배심원 선정에서 일부 변호사들은 의식적으로 개인의 성격과 태도를 전달하는 제스처들을 평가한다고 말한다.

앨버트 S. 오스본은 그의 연구에서 '배심원의 마음' 또한 특별히 입가의 제스처와 같은 일정한 제스처들이 대단히 의미심장함을 암시한다고 말한다. 루이스 카츠는 한 변호인에게서 자격 부여에 관한 질문을 받았을 때 이렇게 말한다.

"수석 변호사는 어떤 배심원 후보자가 다른 변호인이 말하고 있을 때 계속 주먹을 꽉 움켜쥐었다가 편다면 그 배심원을 붙잡고 있지 않는 편이 낫다."

더 나아가 카츠는 배심원이나 배심원이 될 소질이 있는 사람이 편견이 없는가, 적의가 있는가, 또는 기소하고 싶은 생각인가의 여부를 손이 비언어적으로 전달한다고 믿는다. 아마도 제스처에 담긴 암시에 대해 변호사들보다 덜 의식하고 있는 배심원 자신들은 여전히 소송에서 증거를 평가하는 데 있어 어느 정도는 제스처들에 의존한다. 그림 69에서 보여진 제스처는 "재판장님, 나는 겸손합니다"이라고 말하나 법정에서만 사용되도록 제한된 것은 아니다. 변호사 외에 다른 직업인 중에 자신의 양복깃을 잡는 사람들이 있다. 그들은 조끼 호주머니가 곁에 있다면 양복 상의의 접는 깃을 꼭 잡고 엄지손가락을 그 속에 집어넣기까지 할지 모른다.

그림 70에 있는 증인의 자세와 얼굴 표정에서는 분명히 "어서 무

환경에 대한 이해 189

그림 69. 만인이 인정한 지도자   그림 70. 난공불락의 바위

슨 질문이든 던져보슈. 꿈쩍도 안 할테니"라는 뜻이 표현되고 있다. 한쪽 변호인이나 어쩌면 두 변호인들은 그에게 입을 열어 감정을 드러내게 하기가 대단히 힘들 것이다.

그림 71은 전형적인 법정 장면을 예시한다. 배심원 후보자들 앞에 서있는 변호사는 질문을 하면서 누구를 배심원에 남도록 허락하고 누구를 떠나가게 할 것인가를 결정하고 있다. 다음의 판단을 하기 위해 꼭 변호사일 필요는 없다. 그림 설명을 보지 않고 어째서 어떤 배심원은 ① 거부하고 ② 받아들이고 ③ 계속해서 질문할 것인가를 결정해보자. 마지막으로, 어느 변호사의 자세가 배심원 심사를 위해 더 적절한가?

그림 71. 변호인들과 배심원 후보자들

- 배심원 1- 주먹을 꽉 움켜쥐고 팔짱을 낀 채로 다리를 유럽식으로 포개고 있다. 심사하고 있는 변호사는 그를 받아들이지 않아야 한다.
- 배심원 2- 손가락으로 뾰족탑을 만들면서 몸을 뒤로 기대고 다리는 포개어져 있지 않다. 신뢰상의 이유로 더 테스트 해야 한다.
- 배심원 3- 난간에 양손을 얹고 앞으로 몸을 내밀고 고개를 갸웃하고 있다. 받아들이도록.
- 배심원 4- 배 위로 손을 꽉 움켜쥐고 다리는 유럽식으로 포개어져 있다. 왜 그가 자제를 필요로 하는지 알아내기 위해 좀더 질문하면서 테스트하도록.
- 배심원 5- 양손으로 뒤통수를 받치면서 몸을 뒤로 기대고 다리는 포개어져 있다. 자신이 평가한 결론을 드러내도록 더 질문해야 한다.
- 배심원 6- 준비 자세로 손을 넓적다리에 얹고 있다. 그는 배심원단을 지휘할 수 있다. 그를 당신 편으로 끌어들이기 위해서는 언급이나 시선이 그를 향하게 하도록.

오른쪽 변호사— 솔직한 자세로 양복 상의 단추를 끄르고 양손을 엉덩이에 얹고 있어서 배심원 심사에 더 적당하다.
왼쪽 변호사— 점잔빼는 자세를 취했으므로 배심원들이 그를 반대하게 될 수 있다.

사교 모임

"남자는 사교에서 위안과 용도와 보호를 찾는다."
—— 프란시스 베이컨의 「학습의 향상」에서

파티에 참석해 사람들을 구경하는 것은 대단히 재미있을 수 있다. 특별히 일어나고 있는 비언어적인 커뮤니케이션을 지켜보면 상당히 즐겁다. 파티에서는 언제나 구애의 제스처 그룹이 눈에 띈다. 그러나 다른 충동과 요구가 있고 좀더 관찰하면 화려하고 성적으로 자극된 행동들처럼 대단히 매혹적이다. 그림 72는 세 파티 그룹의 상호작용을 보여준다.

중앙에 서 있는 두 남자는 아마도 무언가 중요하지 않은 이야기를 토론하고 있는 중이며 '공개적인' 자세로 다른 사람들이 대화에 합류하도록 초대하고 있다. 두 사람 다 상의 단추가 끌러져 있고 서로에게 우호적이며 한 사람은 엄지손가락을 벨트 속으로 집어넣은 것에 주목하도록. 그 또한 다리를 벌리고 자신만만하게 서 있다. 다른 사람은 손가락에 힘을 빼고 양손을 옆으로 내리고 있다. 두 사람 모두 약간 서로를 향해 몸을 굽히고 있다.

오른쪽에 있는 두 여자는 앉아서, 서 있는 남자들을 바라보고 있

그림 72. 안정과 구애, 가방, 비밀주의를 보여주는 사교모임

다. 그들 중 한 사람은 다른 사람에게 몸을 숙이고 일행에게 대단히 비밀스런 이야기를 하면서 약 30센티미터 가량 떨어져 있다. 한 사람은 자신들이 하고 있는 이야기에 의심을 품을 수 있다. 두 여자 모두 다리를 포개고 있다. 손들은 무릎 위에서 다소 꽉 움켜쥐어져 있다. 이것은 대단히 방어적인 자세들 이다. 비밀스런 커뮤니케이션으로 보아, 한 사람은 그들이 서로를 아주 잘 알고 있으며 아마도 많은 공통의 이해를 공유한다고 가정할지 모른다.

왼쪽에서는 젊은 여자가 앉은 채로, 서 있는 젊은 남자에게 말하고 있는 중이다. 여자의 머리는 기울어져 있고 눈은 크게 뜨고 있으며 몸은 약간 앞으로 숙여져 있고 팔 또한 벌어져 있다. 그녀의 일치된 제스처들은 그 젊은 남자가 하고 있는 이야기에 대단히 관심이 있고 잘 받아들이고 있음을 나타낸다.

그는 여자를 향해 몸을 숙이면서 넥타이를 단정히 하는 제스처와 함께 몸단장을 하고 있는 중이다. 그는 '되도록 좋은 인상을 주고 있는' 사람처럼 보인다. 실제로 그는 오른발의 위치에서 나타나듯이 그 것을 증명하고 있다. 에머슨이 "남자는 어울리는 짝을 만날 때 사교가 시작된다"고 말했듯이.

그림 73에서 중앙에 있는 두 남자는 오른쪽 남자가 방어적이거나 불편하게 만든 문제에 대한 이야기를 나누고 있다. 이것은 그의 팔짱과 포개진 다리로 표현되고 있다. 다른 남자는 그가 물러나는 것을 감지해 손바닥을 펼치고 양팔을 활짝 벌린 제스처로 커뮤니케이션의 한계를 타개하려는 중이다. 그는 거의 "무슨 일이야? 내가 뭘 잘못 말했나?" 라고 말하고 있을지 모른다.

이 자세에서 그는 내리깐 눈썹과 깊은 주름살이 진 이마와 찡그린 얼굴과 노려보는 눈 등의 얼굴 표정으로 판단하건대 나오지 않고 있는 피드백 정도에 대한 요청이 진심인 듯하다. 아마도 역시 적의있는 사람은 그대로 자신의 생각을 말하지 않을 것이고 그렇지 않으면 그 모임에 있는 다른 사람들 모두의 주의를 끌 정도로 험악한 말들을 쏟아 낼지 모른다.

오른쪽에 앉아 있는 두 여자는 아주 친한 친구들이고 함께 있으면 편안하다. 각각 한 다리를 접고 솔직한 자세로 서로를 마주하고 있다. 아마도 서 있는 두 남자가 맹렬한 말다툼을 시작하게 된다면 이

그림 73. 권태와 자신, 협동과 인정을 보여주는 사교모임

두 여자가 파티에서 가장 놀랄 사람들이다. 구태여 그들을 바라보지 않았고 더욱이 상호작용은 더 관찰하지 않았기 때문이다.

또한 여자들이 각각 안심이나 중단 제스처가 필요하다면 어떻게 한 팔을 소파 등받이에 걸쳐서 거의 서로를 만질 수 있게 하는가에 주목하자. 그들의 미소는 치아를 드러내면서 거리낌이 없고 일부러 꾸민 것 같지는 않다.

왼편에 앉아 있는 여자는 앞에 서 있는 젊은 남자에게 별로 주의를 기울이지도 관심도 있지 않다. 그녀는 다리를 포갠 채 꾸준히 발

환경에 대한 이해 195

그림 74. 준비, 초조와 의심, 안심과 평가를 보여주는 사교모임

끝으로 허공을 차고 있다. 게다가 그녀는 팔짱을 끼고 함께 있는 젊은 남자를 향해 몸을 기울이기보다는 멀리하고 있다.

젊은 남자는 자신이 하고 있는 말을 무척 확신하고 자부심이 강하지만 여자보다는 자기 자신에 더 관심이 있는 듯하다. 그는 손가락으로 뾰족탑을 만들면서 코를 하늘로 치켜들고 있다.

여자는 아마도 그가 대화를 주고 받기 보다는 자신에게 설교나 강의를 하고 있다고 느낀다. 그녀가 이것을 얼마나 더 오래 참고 견딜 것인가는 그녀의 인내심의 정도와 그녀의 반응에 대한 그의 관찰력의 정도에 달려있을 것이다.

　그림 74의 중앙에 있는 두 남자는 서로에게 의심스럽고 초조한 태도로 반응하고 있는 중이다.

　오른쪽 남자는 다른 남자에게 옆모습이 보이도록 몸을 돌렸다. 그가 안경테 너머로 뚫어지게 보는 시선과 손을 호주머니 속에 찔러넣은 것은 상대방이 하고 있는 말에 대한 의혹이나 의심을 암시한다.

　왼쪽 남자는 자신이 한 말과 그것에 대한 상대방의 반응 때문에 초조하고 당황해 있다. 그는 한 손으로 입을 가림으로써 자신이 한 말을 비밀로 하려는 중이다. 다른 손은 안심의 제스처로 양복 상의의 옷감을 만져보고 있다. 다리를 포개고 불균형하게 서 있는 제스처는 다른 초조의 제스처와 일치한다. 만일 5초나 10초 후에 이 사람을 보게 된다면 코를 비비면서 몸의 체중을 이 발에서 저 발로 바꾸고 있을지 모른다.

　앉아 있는 두 여자 중에서 오른쪽 여자는 손을 내밀어 만지면서 계속 강한 안심의 필요성을 찾고 있는 친구에게 자신의 태도를 전달하기 위해 아주 단호히 평가하는 자세를 취했다. 오른쪽 여자가 어떻게 친구로부터 몸을 피하고 있는가에 주목하도록. 사람들이 모이는 대부분의 상황에서는 적어도 언제나 아이디어나 서비스 또는 물건을 팔려는 사람이 한 사람 있고 마지못해 구매자의 역할을 맡게 되는 다른 누군가가 있다.

　왼쪽 커플은 비록 무엇에 대한 준비가 되어 있는지는 읽을 수 없지만 만반의 준비가 된 표시를 하고 있다. 그들은 춤을 추거나 파티를 떠날 준비가 되어 있을 수도 있다. 나중의 제스처 그룹만이 그들의 행동이 무엇을 의도하는가를 밝힐 것이다.

그림 75. 좌절과 자제를 보여주는 사교모임

손을 허리에 댄 젊은 남자는 저녁을 위한 계획을 실행할 준비가 되어 있고 기꺼이 그렇게 할 수 있다.

이것을 알아차린 여자는 의자 끄트머리에 앉아 발뒤꿈치를 들고 양손을 무릎에 얹은 채로 출발 신호를 기다리는 단거리 경주자처럼 몸을 앞으로 숙이고 있다. 두 사람 각자 좀더 상대를 자세히 관찰한다면 그들의 눈동자는 아주 기분좋게 보이는 대상 때문에 확장되어 있음을 알 수 있을 것이다. 이 커플의 상호작용은 중대한 관계에 이를 수 있는 동적인 활동으로 귀착되었다.

그림 75의 두 남자는 아주 강렬한 감정을 보여주고 있다.

왼쪽 남자는 자제의 제스처로서 등 뒤로 팔을 잡고 있다. 왼쪽 남자는 좌절로 인한 '때리는 제스처'를 보이고 있다. 이 토론은 분명히 두 사람이 주먹다짐을 하게 되기 직전에 끝날 것이다. 많은 파티 주최자들은 무의식적으로 이 제스처 그룹을 관찰하고 그 상황을 구제하기 위한 조치를 취해 왔다.

우리가 인터뷰한 한 바텐더는 두 사람이 다투는 것을 볼 때면 언제나 목덜미를 비비는 사람을 찾는다고 말했다. 대개 그가 첫 주먹을 날리기 때문이었다.

환경에 대한 이해 199

그림 76. 지겹게 하는 사람과 그의 희생자

사교적인 행사에서 대단히 자부심이 강하고 무엇이든 당신이 해야 하는 말을 이기려 하는 사람 옆에 앉았을 때의 기분을 느껴본 적이 있을 것이다. 위 그림은 그 상황을 머리에 떠오르게 할 것이다. 왼쪽에서 머리 뒤통수로 양손을 마주 잡고 미국식의 경쟁적인 자세로 다리를 포갠 사람은 운수가 나쁜 일행에게 자신이 얼마나 훌륭한 일을 해왔는지 또는 하려고 하는지를 말하고 있는 중이다. 반면에 오른쪽 사람은 그 모든 이야기를 전에 다 들었고 차라리 어디 다른 곳에 있었으면 하는 기분을 느끼고 있는 중이다.

그림 77. 억압된 제스처

　　　　빈틈없는 관찰자라면 제스처의 형성에 주목하면서 그것을
　　억누르려 할 수 있다. 가장 조심성 있는 사람이라도 거의 제스처로
　　　　본심이 드러날 수 있다. 왼쪽 사람은 그러한 사람이다.
　　그는 자신이 하고 있는 이야기에 극도로 조심하고 있다. 양복 상의
　　　단추가 채워져 있을 뿐 아니라 왼손은 거추장스럽게 컵을 쥐고 있고
　　맨손은 호주머니 속에 감추고 있다. 오른쪽에서 듣는 사람은 기본적으로
　　그가 하고 있는 이야기에 대해 편견이 없고 행동을 취할 준비가 되어
　　있다. 그러나 가운데 있는 사람은 아무것도 받아들이지 않고 있다.
　　단추를 채운 양복 상의와 호주머니에 넣은 양손이 반감이나 불신을
　　　　　　나타내는 얼굴 표정과 일치한다.

그림 78. 아무도 원하지 않는 청중

연사는 적극적으로 자신의 메시지를 전달하려 애쓰면서 몸을 앞으로 구부리고 있다. 그런데 그것이 어떻게 받아들여지고 있는가? 팔짱을 낀 제스처, 마주 잡은 손, 포개진 다리, 아래로 처진 입술, 깊은 주름이 진 이마들로 판단하건대 전혀 부정적이다. 오직 오른쪽에서 듣는 사람만이 약간 갸웃한 고개에 의해 나타나듯이 연사가 하고 있는 말에 분명한 관심을 보이고 있다. 그러나 전체적인 반응은 부정적이다. 그들의 무관심 또는 적의를 알고 있는 연사는 불안하게 양손을 마주 잡고 힘껏 비틀려 할지도 모른다.

마지막 테스트로 그림 79~83의 설명들을 읽지 않고 전형적인 사교 모임에서 볼 수 있는 다섯 여자들 각자의 비언어적인 커뮤니케이션을 측정해 보자.

그림79. 이 여자는 지루하다. 손바닥으로 얼굴을 감싸고 출구쪽으로 몸을 향하는 것을 무심코 드러내는 제스처이다.

그림 80. 이 여자는 "당신에게 관심이 있다"는 인상을 주는 포즈를 취하고 있다. 그 남자는 몸단장 제스처를 하면서 막 접근하려고 한다.

환경에 대한 이해 203

그림 81. 이 여자는 팔짱을 끼고 다리를 포갠 모습에서 나타나듯이 대단히 방어적이다. 만일 한 남자가 합석한 뒤에 그녀가 좀더 개방적인 자세로 바꾸지 않는다면 포기하는 편이 낫다.

그림 82. 머리를 쓰다듬는 아주 여성적인 몸단장 제스처는 내리깐 눈과 일치하고 세련된 구애 제스처 그룹을 나타낸다. 엄지손가락이 벨트 속으로 들어간 것에 주목하도록. 남성이 그 제스처를 이용할 때도 마찬가지로 '만사가 오케이'임을 의미한다.

그림 83. 이 여자는 누군가 아주 좋아하는 사람을 기다리고 있다.

 이제 여러분은 혼자힘으로 각각의 제스처를 판단할 수 있다. 앞으로 생활은 연구 대상이 될 것이다. 관계들은 실험을 제공할 것이다. 우리는 이 책이 그러한 일을 위해 충분한 절차와 지식과 정보를 제공했기를 바란다.
 여러분이 가족과 친구나 반대자들과 함께 얻었을지 모르는 통찰력의 대화를 나눈다면 가장 가치가 있을 것이다. 조작을 위해 이 자료를 이용한 사람들도 있다. 우리는 여러분들이 그것을 좀더 광범위하게 보았으면 한다.
 펌프에 긴 손잡이를 붙여 오직 기계적인 이점만 얻을 수 있도록 보는 사람은 오직 한 개의 응용에만 집착한다. 긴 펌프 손잡이는 기계적인 이점을 제공할 뿐만 아니라 두 사람이 함께 손잡이를 잡을 수 있게도 한다.

옮긴이의 말

　우리는 여러가지 이유에서 본심과 다른 이야기를 할 때가 많다.
　그러나 육체는 절대로 거짓말을 하지 않는다. 얼굴 표정이나 손짓, 발짓, 몸짓 등의 다양한 제스처들과 말을 의도적으로 일치시키는 것은 거의 불가능하다.
　고속버스나 기차 안에서 옆자리에 이왕이면 젊고 멋진 여성이 앉게 하는 방법, 파티에서 호감이 가는 사람에게 관심을 알리는 방법, 직장 상사의 기분을 알아내는 방법에서부터 사업상의 계약을 위한 협상에서 우위를 차지하는 방법까지 말없는 제스처를 통한 모든 방법들이 이 책에 제시되어 있다.
　원제는 「How To Read A Person Like A Book(책처럼 사람을 읽는 방법)」이다.
　제스처를 이해할 수 있게 된다면 어떤 상황에서든 좀더 정확한 의사소통과 바람직한 관계가 가능해질 것이다.
　무심코 보아왔던 사람들의 몸이 전달하는 의미에 대한 분석은 무척 흥미롭고 유익하다.
　사람을 책처럼 읽는다는 것은 퍽 매혹적인 이야기다.
　심리학적인 해부로 탄성을 자아낼 만큼 흥미진진하고 실용적인 이 책을 처음부터 순서대로 읽을 필요는 없다. 문득 어떤 사람에게서 궁금한 제스처를 발견할 때 그에 해당되는 페이지를 찾아 읽어도 좋다.
 사업상의 이유에서든 개인적인 이유에서든 사람을 좋아하고 인간관계에 관심이 있는 모든 이들에게 꼭 권하고 싶다.

1994년 3월
곽진희

곽 진 희

강원도 원주 출생
건국대 영문과 졸업
주태 한국 대사관 근무
홍콩발행 시사 경제 주간지 〈Far Eastern Economic Review〉
주간 〈시사문화〉 등에 근무

주요 역서 :「지구를 구하는 1,001가지 방법」
「무인도로 간 여자」「마거리트 미첼」
「조슈아」「열한번째 발레리나」등 다수

책읽듯이 사람을 읽는다

지은이·제랄드 니렌버그, 헨리 칼레로
옮긴이·곽진희
펴낸이·이수용
편집, 교정·김선연 오은영
전산조판·단지기획
본문제판·예하프로세스
본문인쇄·민언인쇄, 제책·민중문화사
표지제판, 인쇄·홍진프로세스
펴낸곳·秀文出版社

1995년 4월 10일 초판인쇄
1995년 4월 15일 초판발행
출판등록 1988. 2. 15. 제7-46호
132-033 서울 도봉구 쌍문3동 103-1
전화) 994-2626, 904-4774 FAX) 906-0707

ⓒ 수문출판사, 1995

＊파본은 바꾸어드립니다.

ISBN 89-7301-046-8